Tigaadda Tasawufka

Axmed Ibraahin Cawaale

Daabacaaddii 1^{aad}

Published by: Liibaan Publishers, Copen Hagen, Denmark

Copyright 2018
Ahmed Ibrahim Awale

All rights reserved

ISBN: 978-87-995208-7-9

Xuquuqda daabacaadda buuggani waxa ay u dhowrsan Tahay qoraaga buugga. Waa ay reebban tahay in qayb ka mid ah buuggan ama gebi-ahaantiiba la dheegto, laguna kaydiyo ama lagu fidiyo jaad kasta oo waxa lagu kaydiyo ama lagu faafiyo, iyada oo aan oggolaansho laga heli qoraaga.

Hibayn

Aw Maxamed Suufi – Macallinkaygii ii bilaabay Qur'aanka Kariimka. Eebbe (Sarree oo Korreeye) godka ha u nuuro, Jannada ha ku mannaysto.

Aamiin!

Tilmaamaha Suufiyadu waxa ay yihiin shan:
1. In qalbigaagu ku xidhnaado Eebbe (SoK) haddii aad naftaada iyo adigu isla/isku keliyaysataan iyo haddii aad bulshada dhex joogtid;
2. In aad raacdid Sunnadii Rasuulka (NNKHA) kuna rumaysid falaad iyo odhaahba.
3. In aad ka dheeraato in aad baahidaada ula iilato dadka;
4. In aad raalli ku ahaato waxa uu Eebbe (SoK) kuugu deeqay, haba yaraato e;
5. In aad had iyo jeer arrimahaaga u ban dhigto ulana iilato Eebbe (SoK).

(al-Maqasid at-tawhid, Imam a-Nuwawi)

Tusmo

Hibayn	3
Hordhac	7
Tasawufka: Milicsi taariikheed – horrayso iyo dambayso	11
Waa maxay Tasawufku?	21
Suufinnimada Galbeedka iyo Tasawufka Dhabta ah	31
Tasawufka iyo Dunida Maanta	39
Wixii Kooban Ayaa Qurux Badan	40
Tasawufka iyo Deegaanka	43
Tasawufka iyo caleenquudashada (*vegetarianism*)	56
Tasawufka iyo Nabadda	58
Tasawufka iyo Musuqmaasuqa	60
Tasawufka iyo Jacaylka	63
Tasawufka iyo qasiidooyinka ay tumistu weheliso	77
Suugaan iyo Sheekooyin Ruuxi ah	81
Ladh I	145
Maanso Suufinnimo ah	145
Raadraac	157

Hordhac

Buuggani waxa uu ka hadlayaa Suufinimada ama Tasawufka. Waxa uu soo ban dhigayaa sida uu tasawufku u bilaabmay iyo sida uu ugu xididdaystay, ugana dhex muuqdo culuunta iyo kudhaqanka Islaamka. Waxa kale oo uu isku deyayaa in uu Suufinimada dhabta ah ka leexiyo in lagu murgiyo waxa loo yaqaanno "Suufinimada Caalamiga ah" (*Universal Sufism*) ee beryahan dambe dhadhanka u yeelatay bulshooyin kala diin ah, hana ugu badnaadaan kuwo kasoo jeeda dalalka Galbeedka, oo qaar badan oo ka mid ah laga yaabo inayan rumaysnayn Islaamka, ama sidoo kale, ay ku dhex jiraan qaar aan oogin shacaa'irtiisa, hase yeeshee sheegta 'Suufinimo.' Dhinaca kalena, dhiganahani ma aha baaq ku aaddan soodhoweysiga arrimaha qaarkood oo lagu duro duruqa Suufiyada qaybo ka mid ah, kuwaas oo ay ugu mudan tahay caqiiqo xumo. Hase yeeshee waa soobandhigid dhinacyo kala duwan wax ka iftiiminaysa, kuna saaban wanaagga Suufiyada iyo in ay wax ka tari karto dhibaatooyin badan oo maanta adduunweynaha la deris ah.

Sida ay maanta bulshooyinka reer Galbeedka ahi, ugu hafteen dhiriqdii iyo dhooqadii walaxaysiga (*materialism*), ka dib kolkii ay shiikhday ruuxaaniyaddii, ee ay waayadan dambe Suufiyada uga dhex raadinayaan xasillooni iyo hanuun, ayaa in la mid ah Muslimiinta baahi ka badani u haysaa kudhaqanka Tasawufka dhabta ah. Maxaa yeelay, Muslimiinta dhexdooda, maanta waxa si xoog leh u kordhay aqoontii Islaamka, mana jirto xilli ay ka culimo badan yihiin, mana jirto goor dhadhaqaaqyada isu dhigay in ay ka shaqeeyaan cusboonaysiinta Islaamka (*tajdiid*) ay ka tiro badan yihiin, haddana waxa hadheeyay kalaqaybsanaan, isxasuuqid iyo dhagaro aan kala go' lahayn, jahowareer fikir, dulmi, musuqmaasaq, cadaadis, iyo kelitalisnimo. Ducooyinkii Suubbanaheennu (NNKHA) u jideeyay in ay rumeeyeyaashu ku ducaystaan waxa ka mid ah: **"Eebboow, waxa aannu kaa magan galnay cilmi aan lagu intifaacsan, qalbi aan khusuuc lahayn, duco aan dheg loo dhigin (la aqbalin), iyo naf aan dhergin."**[1] Runahaantii waa ay u muuqataa in Suubbanaheenna (NNKHA) loo sii iftiimiyay saansaanka aynnu maanta ku jirno ee ku suntan hoobashada ruuxaaniyadeed, hunguri aan wax hanbaynayn, iyo 'samadii oo xidhantay.'

Aafooyinka bulshooyinka adduunka heysta waxa ka mid ah, madhaan ruuxaaniyadeed, xasillooni la'aan gudeed oo uu weheliyo dareen macnedarro, hunguriweynaan iyo musuqmaasuq xadhkaha goostay, saboolnimo, qalalaase, dhiigbax, iyo burbur deegaan, intaas oo dhammaantood raadayntoodu waxyeello daran u geysanayaan arlada iyo noolaha ku nool.

Ulajeeddada aan ka lahaa buuggani waxa ay tahay in aan waxoogaa ka taro madhnaantaas ruuxiga ah, si aynnu uga samatabaxno cudurrada bulsho ee aan kor ku soo sheegay. Waxa aan adeegsaday, oo si xulasho ku jirto akhristaha ugu soo ban dhigayaa suugaantii ruuxiga ahayd iyo sheekooyin ay lahaayeen

---

[1] Tirmidi, 3493

qaar ka mid ah Suufiyiintii caanka ahayd sida Jalaal-u-diin-Ruumi, Fariid-u-Diin Caddaar, Raabica al-Cadawiyah, Junayd Al-Baqdaadi, iqk.

Ugu dambayn, kol haddii rabitaankaygu ahaa keliya mid u shaqeeya dhinaca Wanaagga guud, haddii buuggaygu inta ugu yar ee ruuxkorin ah ku biirsho akhristaha, sidoo kalena xoojin doono ahaanshiiyaha dadnimadeenna, dhinaca kalena shiikhin doono bahalnimada inna dhex jibaaxaysana, waxa rumoobay rabitaankaygii, waanaan helay abaalkaygii.

Dhinaca kalena, waxa aan Eebbe (Sarree oo Korreeye) ka baryayaa in uu iga dhaafo wixii sinbiriraxashooyin qoraal ee iga dhaca, oo aanan marnaba ulakac ugu badheedhin.

Qoraaga

Tasawufka: Milicsi taariikheed – horrayso iyo dambayso

Soo hadalqaadka erayga "Suufi" ama "Suufinimo" waxa uu maanka dad badan ku xadanteeyaa qof u iishay weecsanaan caqiido, agjoogidda iyo ka barakaysiga qubuuraha, fudaydsi cibaado, aqoondarro iyo ku-maxaafsi diineed. Sidoo kale, marka laga eego dhinaca dhaqdhaqaaqyada isu habeeyay cusboonaysiinta Islaamka, waxa ay mararka qaar u arkaan in qaar ka mid ah duruqa Suufiyadu gacansaar la lee yihiin xoogag loo arko in ay nacab u yihiin Islaamka iyo Muslimiinta.

Arrimahan sare la-yaab ma laha marka la fiiriyo dibudhaca ku habsaday Caalamka Islaamka, iyaga oo xilli xilliyada ka mid ah hormood ka ahaa ilbaxnimooyinkii ugu cadcaddaa ee ka hanaqaaday arlada. Horumar la'aanta iyo dhagaxowga fikir ee Caalamaka Islaamka ka jira ayaa heerkiisii ugu hooseeyay gaadhay ammintii u dhexaysay bilowgii qarnigii 18aad ilaa badhtamihii qarnigii 19aad. Hoos-u-dhacaasi waxa uu si taban u saameeyay dhincyadii siyaasadda, aqoonta, iyo arrimaha dhaqandhaqaale. Halka dhinaca Yurub uu ka socday dhaqdhaqaad horumar oo dhinacyo kala duwan leh sida sayniska, warshadaynta, fikirka iyo daahfurrada dacallada dunida – kuwaas oo wadarahaantood kor u qaaday hankii reer Yurub, kuna xambaaray in ay gumaystaan, kiristaameeyaan, isla markaana isu dhigay in ay 'ilbixiyaan' bulshooyinka aadane intoodii kale.

Dhammaadkii qarnigii 19aad iyo bilowgii kii 20aad waxa fagaaraha ku soo kordhay culimo isu dhigtay cusboonaysiinta Islaamka oo ay ka mid ahaayeen Jamaal-al-diin-al-Afqaani (1837-1897) iyo Muxammad Cabduh (1849-1905), ha yeeshee labaduba ahaayeen qaar isku dayay in ay heshiisiiyaan Islaamka iyo qaabsiyaasadeedkii (mid dhaqaale iyo ciidan) reer Yurub si ay isaga waabiyaan awoodihii gumaysi ee dhulalkii Muslimiinta soo abbaaray. Raggaas, siiba Jamaal-al-diin Afqaani, dadka qaar waxa ay ku duraan kaalintii uu ka qaatay duminta maamullo ka jiray dalal Muslin ah sida Saldanaddii Beershiya (Iiraan) ee uu madaxda ka aha Suldaan Naasir-ud-Diin Shaah, maamulkii Khadwigii Masar (Ismaaciil Baasha), iyo Khaliifadii Cusmaaniyiinta. Arrinkaas waxa loo arkayay in uu u adeegayay awoodihihii Reer Yurub, halka ay iyaguna (labadoodu) maamulladii jiray iyo culimadii xilligaas ku dhalliili jireen in ay ka gaabiyeen la falgalka saansaankii ka jiray dunida Islaamka iyo culaysyadii kaga imanayay Reer Yurub.[2] Waxa ay raggaasi, sidoo kale, isgarabsadeen Wahaabiyiintii si ay meel uga soo wada jeestaan habdhaqannadii Suufiyiinta ee aan la jaanqaadsanayn Islaamka.

---

[2] History of Islam, an Encyclopaedia of Islamic History, Jamaluddin Afghani, Contributed by Prof. Dr. Nazeer Ahmed, PhD

Waxa kale oo dhacday bilowgii iyo badhtamihii qarnigii 20aad in qaar ka mid ah dalalka Islaamku isku dayeen in ay dib u dhisaan dalalkooda. Si ay taas u helaan, waxa ay u janjeedhsadeen siyaasado calmaani ah, iyaga oo u arkayay in ay sidaas ku horumarin karaan bulshooyinkooda. Waxana la odhan karaa in ay tahay falcelin ka dhalatay saansaanka dibudhac ee bulshooyinka Muslimiintu ammin aad u dheer ku sugnaayeen. Waxa ka mid ahaa madaxdii ku kacday isbeddelladaas Mustafa Kamal Ataturk, hoggaamiyihii dalka Turkiga, iyo Jamaal Cabdinaasir, oo dalka Masar madaxweyne ka noqday.

Taariikh-ahaan, Ehlu-Tasawufku marna ma ay ahaan jirin qaar aad ugu dhowaada madaxda, balse waxa ay ku cadcaddaayeen toosinta iyo u nasteexaynta suldaannada, waxana lagu yiqiinnay runsheegid iyo ku-addimidda xaqa. In ay shisheeye soo dhoweystaanna ma uu ahayn arrin iyaga looga fadhiyi jiray. In Ehlu-Tasawufku ahaadaan dad aan siyaasadda ku dhex milmin, nabaddana jecel waxa lala xidhiidhin karaa dhaqanka saahidnimo ee ay nafahooda qabadsiiyeen. Ha yeeshee, dhinacaas uun kuma ay eekayn, waxa se jira qaar ka mid ah Suufiyiinta oo hormood ka noqday howlgalladii gumaysi-la-dirirka, iyaga oo u arkayay Jihaad iyo u dhowaansho Eebbe (SoK).

Halkan waxa xusid mudan halgannadii ay qaadeen Qaadiriyadii Aljeeriya ee uu hoggaaminayay Sufi Sheekh Cabdal-Qaadir al-

Jasaa'iri (1808-1883) oo Farnsiiska la jihaaday, iyo Sanuusiyiintii[3] Liibiya oo dagaal dheer la galay Talyaaniga, isla markaana uu ugu caansanaa hoggaamiyihii Cumar al-Mukhtaar (geeriyooday 1931). Waxa kale oo xusid mudan Cimaadu-Diin Sanki, Salaaxuddiin al-Ayuubi iyo Yuusuf bin Taashfiin oo xilliyo kala duwan ka qayb qaatay halgannadaas lagu difaacayay Islaamka.[4] Mid kale oo ka mid ah dagaalladii ay Suufiyiintu ka qayb qaateen waxa uu yahay dagaalladii Muslimiinta iyo Masiixiyiinta ku dhex maray Geeska Afrika, siiba dalka maanta loo yaqaan Itoobiya. Dariiqada[5] Qaadiriyada waxa lagu yiqiinnay carriga Soomaaliyeed tan iyo qarigii 15aad. Waxana loo badinayaa in ay ku timid mujaahidiintii meelo kala duwan Carriga Islaamka isaga timid si ay ula weerar galaan Axmed Guray. Si la mid ah, dhaqdhaqaaqii dariiqada Saalixiyada ee uu hoggaaminayay Maxamed Cabdulle Xasan ayaa dagaal socday ammin 20 gu' ah la galay Ingiriiska.

---

[3] Dariiqada Sanuusiyada waxa carriga liibiya ku aasaasay Sayid Maxamed ibn Cali al-Sanuusi (1787–1859).

[4] Cimaadudiin Sanki (Geeriyooday 1146 Miilaadi) waxa uu ka qayb qaatay caabbintii weerarradii Saliibiyiinta ee Shaam. Yuusuf bin Taashfiin (1061-1106 miilaadi), waxa uu ka tirsanaa Suufiyada Muraabidiinta waqooyi Afrika. Waxana uu jihaad ku qaaday Saliibiyiintii Isbayn.

[5] Dariiqo (*Dariiqah*): Waxay ay u taagan tahay tubta; tubta loogu noqonayo Eebbe (SoK). Isaga ayaa inna leh una noqonaynaa. Aragtida Suufiyiinta, dariiqadu waxay u dhigan tahay tub lagu rumayn karo dib u laabashadaas, tiiyoo la raacayo jidka ugu toobiyaysan.

Habdhaqan-siyaasadeedkii adkaa ee xukuumaddii Maxamed Cali Baashe ee dalka Masar uu ku hayay Suudaan, ayaa duruqii Suufiyada ee xilligaas u qaabeeyay inysan ku ekaan arrimaha ruuxiga ah iyo toosinta bulshada uun, balse ay meel-istaag *(mawqif)* siyaasadeed qaataan, isla markaana ay xidhiidh ka dhexaysiiyaan waddaniyadda iyo Suufiyada. Waxana ay arrintani xoog u soo shaac baxday ammintii uu Maxamed Ahmed 'Al-Mahdi' uu gulufkiisii ugu horreeyay ku qaaday Masaaridii gu'gii 1881kii. Sidoo kale, dariiqada Suufiyada Al Muriidiya ee uu unkay 1883kii Amadu Baba oo reer Sinigaal ahaa, waxa uu la dagaallamay Faransiiska. Suufiyada Naqshabandiyada iyo Qaadiriyada Aasiyada Dhexe waxa ay dhammaadkii qarnigii 19aad ilaa bilowgii qarnigii 20aad la dagaallamayeen boqortooyadii Ruushka.

Hadda, waxa aan male ku jirin in isbeddellada awoodeed iyo raadayneed ee ay kala lee yihiin duruqa Suufiyada iyo dhinaca kale dhaqdhaqaaqyada gadaal-kasoo-baxa ah ee u jira cusboonaysiinta Islaamka, ee ku aaddan bulshooyinka (siiba caamada), in kuwan dambe ku eedeeyaan in qaar ka mid ah duruqa Suufiyadu ay xoogag 'shisheeye' isgarabsadaan. Haddaba haddii ay sidaas xilli wax ahaayeen, waxa xusid mudan isbeddellada la-yaabka leh ee waayadan dambe ka socda Sucuudiga oo ah xaruntii dhaqdhaqaaqa loogu yeedho Wahaabiyada – kaas oo ku suntan soodhoweynta reer Galbeedka (siiba Maraykanka) xitaa haddii habdhaqankoodu halis ku yahay dalalka iyo danaha Muslimiinta.

Beryahan dambe waxa muuqata in Suufiyadi aanay halkeedii ku hadhin, isla markaana dhirbaaxooyinkii kaga imanayay dhaqdhaqaaqyada gadaal-kasoo-baxa ah ay ka gagab goynayso. Waxa meelo dhowr ah oo dunida Islaamka ka mid ah ka jira dhaqdhaqaaq cusub oo Suufinimo oo diyaar u ah in ay ka jafaan waxyaabe la odhan karo weecsanaan caqiido. Si la mid ah dhiggooda (dhaqdhaqaaqyada dib-u-cusboonaysiinta) waxa ay Suufiyada cusub xoogga saaraan toosinta caqiido. Waxa ay kaloo diidaan aragtiyooyinka ay ka mid yihiin *Waxdat-ul-wujuud (pantheism)*,[6] iyo *tajasud/tanaasukh (Transmigration of souls)*.[7] Waxa intaas dheer inay debciyaan qaabkii kakanaa ee ay nafta ku laylyi jireen, oo ay ka mid tahay khalaaweyn ammin dheer ah iyo habdhaqankii ku salaysnaa *qillat-a-dacaam, qillat-al-manaan,* iyo *qillat al-kalaam* (cuntoyari, hurdoyari, iyo hadalyari). Suufiyada dambe ama cusubi waxa ay dhiirrigeliyaan kaqaybgalka firfircoon ee arrimaha bulshada, abaabulka bulsho ee dhinaca samaanta. Waxana sii kordhaya inta rumaysan in Tasawufku noqon karo mid

---

[6] *Waxdat-ul-wujuud:* Waa aragti falsafadeed oo shaacbixinteeda lagu nabay Ibn al-Carabi (1165-1240 miilaadi), se in uu isagu yahay cidda ukuntay aragtidaas dood badani ka joogto, isla markaana ay adeegsadaan qaar ka mid ah Suufiyiintu oo sheegaysa in Uumaha iyo la-uumuhu ay isku mid yihiin ama jiraalka wax kasta oo uu Eebbe jirsiiyay, ay yihiin jiritaankiisa.

[7] *Tajasud/tanaasukh al-arwaax*: Waxa ay u dhigan tahay in qofku haddii uu dhinto in naftiisu jidh cusub nolol cusub ka dhex bilaabayso, oo aanay halkaas ku hadhin.

wax ka tari kara dhibaatooyinka tirada badan ee arlada ka jira, sida tayodhaca deegaanka, doorsoonka cilimada, iyo weliba wax-kabeddelidda aragtida walaxaysan ee lagu eego dabiicadda – taas oo reer Galbeedku hormood ka yahay, halkeedana la dhigo iswaafajinta ulajeeddadii Eebbe (SoK) ka lahaa jirsiinta Kawnka iyo kaalinta hoggaamineed *(al-khilaafah)* ee Aadahana laga rabo in uu ku dhawro kheyraadka dabiiciga – noolaha iyo ma-noolahaba. Waxa la arkaa in nolol cusub soo gelayso Suufiyadii hore ugu muuqatay in ay rarabta (naxashka) saarnayd. Meelo kala duwan oo dunida Islaamka waxa ay u muuqataa in ay qabatimayaan dad badan oo ka tirsan dabaqadda dhexe, si firfircoon (oo ka geddisan sidii lagu yiqiinnay) ay ula fal gelayaan bulshada dhinacyada kala duwan sida, siyaasadda, samafalka, iyo waxbarashada. Tusaaleahaan, dhaqdhaqaaqa Gulen ee dalka Turkiga, oo lagu tilmaamo mid ka mid ah dhaqdhaqaaqyada dacwadeed ee ugu ballaadhan dunida Islaamka, waxa ay wax badan oo howlahooda dacwadeed iyo barbarintooda ruuxiga ah si xulasho ku jirto uga soo dheegtaan waxqabadyadii Suufiga Turkiga u dhashay ee Siciid Nursi iyo Jalaal-u-Diin Ruumi. Dalka Iiraan, Tasawufku kaalin mug leh ayuu ku lee yahay nololmaalmeedka dadka reer Iiraan.

Tasawufkan cusubi dhinacyada qaar waa uu ka duwan yahay muuqaalkii lagu yaqaannay Suufiyada. Halkii ay Suufinimadu inta badan ka lahaan jirtay muuqaallo iyo habdhaqanka qofka ka dhigta mid u go'a Aakhiro, cammiraadda arladana aan ku darsan wax la taaban karo, jidka uu Muriidku ku rumaynayo muraadkiisa (oo ah garashada iyo helidda Jacaylka Rabbaaniga ah) uu ahaa mid aan lagu xaqiijin karin si fudud iyo is-habayn iyo barbaarin nafeed la'aanteed, halkeeda, Tasawufka cusubi waxa uu dhiirrigelinayaa ruuxkorin wadarahaaneed oo u dhigan qaab saaxiibtinnimo iyo isweheshi oo ka dheexeya Murshidka iyo Muriidka. Tusaalaha uga wacanina waa waxa dhulka Turkiga looga yaqaan *Sohbet*,[8] oo u dhigan isweheshi iyo wadasheekaysi ruuxi ah oo ay ku lammaan tahay waxbarasho dhex marta Murshidka iyo Muriiddada (macallinka iyo ardayda). *Sohbet* waxa uu u dhigmaa '*xalaqah*'[9] ama xalaqooyin' waxbarasho diini ah.

Si kooban, Suufiyada cusubi waxa ay qaadanaysaa qaab lagu tilmaami karo ruuxaaniyad ka dhex shaqaysa ama u janjeedda dunida iyo waxkubiirinteeda, halka Suufiyadii hore ay fidinaysay ruuxaaniyad marti ku ah adduunka, si xoog lehna ugu janjeedha aakhiro.

Tasawufka jaadkan oo kale waxa uu u ekaanayaa u laabasho tasawufkii ay ku sifoobeen culumo hore oo magac ku lahayd baabka tasawufuka. Tusaale-ahaan, kolka la eego taariikhdii suufiyoobidda ee Imaam al-Qasaali, waxaan arkaynaa in qaabkan sare uu ahaa kii uu doortay kolkii uu naftiisa la soo halgamay,

---

[8] *Sohbet* = Waa eray ka soo jeeda 'saxaabah', tilmaanna u ah sidii ay saxaabadu Rasuulka (NNKHA) wax uga baran jireen.

[9] Xalaqah: Saxaabadii Rasuulka (NNKHA) waxa ay ula fadhiisan jireen si wareeg ah (giraan). Waxa uu ahaa kulan waxbarasho, isaguna dhexdooda ayuu fadhiisan jiray.

sidoo kalena Jalaaluddiin al-Ruumi ayaa laba sano oo jihaad nafeed ah ka dib duruustiisii u beddelay qaabkaas ruuxiga ah. Sheekh Cabdulqaadir al-Jiilaani iyo Juneyd al-Baqdaadi ayaa ayana xalaqaad ruuxiya lahaan jiray.

Waa run jirta in marka la yidhaahdo qofkaasi waa "Suufi" in ay maankiisa ku soo degdegi doonto muuqaal qof haylo xunxun, cibaadada fududaysta ama u arka in laga dhaafay, dhuunigiisa aan la soo bixin, ku nool soo-meerasho (dawarsi), mararka qaarkoodna meel cidlo ah isku go'doomiya. Marka ay arrimuhu sidaas yihiin, waxa aynnu dhihi karnaa in dhadhaqaaqyada Islaamiga ah ee isu taagay dib-u-cusboonaysiinta Islaamku ku hagaagsan yihiin in ay habdhaqankaas liidaan oo fogeeyaan. Dhanka kale, suufinimada aynnu wax ku beddeli karnaa waxa ay innooga dhex muuqan kartaa habdhaqankii iyo aqoontii Imaam Al-Qasaali oo lagu naanayso *Xujat-al-Islaam*, (Caddayntii Islaamka), oo loogu bixiyay dadaalladiisii fikir ee uu si aqooni ku dheehan tahay kaga hor tegay fikradihii iyo falsafadihii halista ku ahaa Islaamka xilligii uu noolaa. Waxa uu Al-Qasaali noolaa nolol ku ceeryoonsan cibaado, daraasayn, waxqorid iyo gudbin aqooneed.

Waa maxay Tasawufku?

Tawawufku waa mawduuc dad badani aanay jeclayn in ay ka hadlaan, qaar kalena mugdi kaga jiro ama aragtiyo la isu soo dhiidhiibay oo taban ka rumaysan yihiin. Hase ahaatee, waxa uu ku arooraa bilowgii Islaamka. Waana laan ka mid ah culuunta Islaamka oo diiradda saaraysa horumarinta iyo korinta ruuxda qofka Muslinka ah. Ibn Khalduun oo faahfaahin ka bixinaya Tasawufka, waxa uu ku xusay kitaabkiisii *Al-Muqaddamah*:

> [....Tasawufku waa laan ka mid ah culuunta shariicada oo asalahaan ka soo jeedda ummadda Islaamka. Bilowgii Islaamkaba, waxa loo aqoonsanaa in uu u taagan yahay jidkii xaqiiqada iyo hanuunka ee bulshadii ugu horraysay ee Islaamka iyo hormooddadoodii, saxaabadii Rasuulka (NNKHA), kuwii ay wax sii bareen, iyo kuwii iyaga daba cidhbiyay (taabiciintii)...][10]

Imam Al-Qasaali (1058-1111 miilaadi) oo qeexid ka bixiyey Tasawufka ayaa isna sida qoray:

> [...Si tasawufka si xeel dheer loo fahmo, waxa ii caddaatay, in qofku u baahan yahay in uu isku lammaaneeyo aragtida *(theory)* iyo kudhaqankeeda *(practice)*. Ujeeddada dadka tasawufka ku dhaqma ay astaysteen waa sidan: In ay ruuxda ka xoreeyaan garbaduubka cabiidiska ah ee rabitaannada (hooseeya), iyo kasamatabixinta u janjeedhsigeeda weecan ee xumaanta iyo sharka, si

---

[10] Nuh Ha Mim Keller, *The Place of Tasawwuf in Traditional Islamic Sciences* (1995)

markaas qalbiga sifaysani "qol" keliya ugu ahaado (jacaylka) Eebbe (SoK) iyo xusitaanka magaciisa qadaasaddu ku dheehan tahay...]¹¹

Imaam Al-Qazaali waxa uu tasawufka u arkayay in uu ka dhigan yahay buundo isku xidhaysay adduunkan salka la' ee aan lagu nagaanayn iyo Aakhirada. Waxa kale oo uu ahaa ninkii iswaafajiyay cilmiga Shareecada iyo tasawufka/suhdiga, xilli Suufinimada loo arki jiray in ay Islaamka lid ku tahay. Waxa kale oo uu ku qeexay tasawufka: *"laba shey: U runsheegidda Eebbe, iyo habdhaqanka wanaagsan ee dadka lagula dhaqmo. Mid kasta oo yeela ama dhaqan ka dhigta labadaas arrin ayaa suufi ah"*.¹²

Si kooban, Tasawufku waa raadinta raalli'ahaanshaha Eebbe (SoK), in nafta laga saxar tiro xumaanta, isla markaana aanay jirin isdiiddooyin ka dhexeeya rabitaanka nafta iyo wanaagga, iyo in nabad iyo degganaan qofku kula noolyahay abuurta Eebbe oo dhan (dad, xaywaan, dhiroon, iyo guud-ahaan dabiicadda).

Qeexid uu Tasawufka ka bixiyay Suufigii Junayd al-Baqdaadi (noolaa qarnigii 9aad miilaadi) ayaa sidan u dhigan: *"Waa in Eebbe kugu mannaysto saafinimo qalbi, markaasna mid kasta oo ka saxar tirma wixii Ilaahay (SoK) sokadii ah ayaa la odhanyaa waa Suufi."*¹³ Sidaas

---

¹¹ *Confessions of al-Ghazzali. (Ictiraafaat al-Qasaali – Kayfa arakha al-Qasaali nafsahu)*. Bogga 41). Waxa daabacay: Social Sciences Humanities Li b rary University of California , Sa n Diego.

¹²Nassar Hussain Shah, Sufistic influences had all along been working upon Ghazali's mind right from early childhood. International Journal of Scientific and Research Publications, Volume 7, Issue 1, January 2017

¹³*Qayth al-Mawaahib al-Caliyah*. Bogga 19.

awgeed waa biyo dhaca hadalka Eebbe (SoK): "*Ee waxa liibaanay ruuxa naftiisa daahiriya.*"[14]

Suhdiga[15] ama Tasawufku waxa uu kaalin mug leh kaga jiray in uu habeeyo ama qaabeeyo noloshii saxaabadii Rasuulka (NNKHA) iyo kuwii daba cidhiyayba *(taabiciin)*. Sida ay tahayba, Islaamka waxa uu isu dheelli tirayaa baahiyaha qofka ee ruuxiga ah iyo kuwa adduunyo. Islaamku waxa uu ku boorrinayaa rumeeyeyaasha (mu'miniinta) in ay ku ducaystaan wanaagyada adduun iyo kuwa aakhiroba.[16] Dhinaca kale, aayado dhowr ah ayaa ka digaya dhexmuquurashada iyo isku siiddeynta arrimaha adduunyo.[17] Waxa ay u muuqataa in si la mid ah wadaaddadii hore ee Soomaalidu ay qodobkaas si xoog leh ugu nuuxnuuxsadeen, waxana ay ku tilmaameen mid aan raadhiis lahayn, oo wanaag-la-moodkeedu kuu dhaafayo sida laydha.

[...Duunyo waa laydh socota oo, nin ladnaa oo ku lax san

---

[14] Qur'aanka: A-shams: 9

[15] Suhdigu waxa weeye in laga dheeraado wixii la xaaraantimeeyay, Eebbena (SoK) uu neceb yahay. Sidoo kale isku miisidda ama adeegsiga aan dabarka lahayn ee waxyaabaha ay naftu jeceshahay *(shahwaadka)* in laga dhawrsoonaado, iyada oo weliba dadaal la geliyo cibaadada, iyo u diyaargarowga aahkiro. Suhdigu ma aha in qofku iska xakameeyo adduunka, waxna uusan ku darsanin, iyo cibaadada ku talax taggeeda (sida soomitaan joogto ah, iwm) ama xidhahasho dhar calal ah. Nebi Maxamed (NNKHA) ayaa tusaale nool u ahaa Saahidiinta.

[16] Qur'aanka Kariimka ah, Suuradda Al-Baqara, 201.

[17] Qur'aan: Al-ancaam: 32

Oo laasta la waa...]¹⁸

Tasawufku waxa uu noqday qayb ka mid ah culuunta Islaamka, si la mid culuunta *Usuul al-fiqh, cilm al-kalaam* iyo *Usuul al-Xadiith*. Kolkaa haddii la dhaho xilligii Rasuulka (NNKHA) tasawufku ma jirin, si la mid ah culuuntaas aynnu kor ku soo sheegnay, iyaba ma ay jirin.

Tasawufka haddii Axaadiithta Nawbawiga ah gudahahooda looga magac dayo, waxa ugu dhow *"Ixsaan"*¹⁹. Xadiiskii caanka ahaa ee Malag Jibriil (NKHA) ku jiray ayaa soo ban dhigay arrimo la xidhiidha fiqhiga (Islaamnino), Rumaynta/Caqiidada (Iimaan), iyo Samafalka/Ixsaanka (Tasawwuf), astaamaha Maalinta Qiyaamaha iyo Qaddarka.²⁰

Sidaas oo ay tahay, haddana dad badan ayaa tasawufka aragti gurracan ka haysta, ama si weecsan loogu sheegay, heer qarkood cidda ku dhaqanta ay fogeeyeen ama coolaadiyaan. Haaheey, waa

---

[18] Erayga "Lax san" waxa looga jeedaa qof xoolo (siiba adhi) tiro badan haysta. Eeg, Sufi Poetry in Somali: Its Themes and Imagery. Abdisalan Yasin Mohamed. PhD dissertation. (bogga 192)

[19] Ereyga *Ixsaan* laba jeer ayaa uu Qur'aanka ku soo baxay (An-Naxl: 90, iyo Al-Maa'da: 93)

[20] Waa xadiithkii caanka ahaa ee ahaa in maalin maalmaha ka mid ah, isaga oo Rasuulku (NNKHA) saxaabadii la jooga, malag Jibriil u yimid, waxna ka weyddiiyey Rumaynta, Islaamnimda, Ixsaanka iyo arrimo kale. Markaasna uu Ixsaanka ku micneeyey sidan: "Ixsaanka waa in aad Eebbe (SoK) u caabuddo sidii aad arkayso oo kale, se haddii aad tahay mid aan arkaynin, isaga ayaa ku arkaya." (Abu Hurayrah)

jiri karaan dad lagu tilmaamo suufiyiin oo jidka hanuunka Islaamka toobiyaystay, ama qabatimay fudaydsi cibaado, kuna doorsaday *"acmaal"* joogtaysan oo ay is lee yihiin waxa ku helaysaan raalli-ahaanshaha Eebbe (Sok). Kolkaas, waxa si cad loo dhihi karaa in kuwan iyaga ahi ay fududaysteen Qur'aankii iyo Sunnihii. Iyada oo ay taasi jirto, dhinaca kalena, waxa la arkaa wadaaddo salafiyiin sheegta oo aan la tusi karin dadka tasawufka ku fooggan. Haddaba kol haddii bulshada Islaamka uu Eebbe (SoK) ku tilmaamay "Ummaddii dhexdhexaadka ahayd" (*ummat-un-wustaa*)[21], isu dheellitirka labadaas arrimood waa mid lagama maarmaan ah.

Imaam Maalik (95 H. - 179 H.) ayaa laga hayaa hadal sidan u dhigan:

> [...Ku kasta oo barta fiqhiga, aanse dhiganin tasawufku waxa uu u ban dhigan yahay simbiriirixasho caqiido; ku kasta oo barta tasawufka aanse dhiganin fiqhiga, waxa uu noqon darjiidh (Afcarabi: *hardaqi*) ku dhaqma ama rumaysan wax u dhigma kufri ama wax ka geddisan waxyaabaha ay, guud-ahaan, madaariska fighiga ahi ku midaysan yihiin (*Ijmaac*)...][22]

Qur'aanka Kariimka ahi sida uu Muslimiinta u farayo saladda, soonta iyo cibadooyinka kale, ayaa uu si la mid ah ku boorrinayaa jacaylka Eebbe (SoK), taddaburka, xuska Alle, iwm; dhanka kalena diidayaa islaweynida.

---

[21] Qur'aan: Al-Baqara: 143
[22] (The scholar'Ali al-Adawi, vol. 2, p 195.)

Ereyga Suufi meesha uu ka soo jeedo siyaabo kale duwan ayaa loo dhigaa. Kuwan ayaana ka mid ah:[23]

<u>Safaa:</u> Waxa loola jeedaa saxartirnaan ama "*dahaara*" dhinaca qalibga, lubbiga (ruuxda) iyo falliimooyinka (falaadda) qofku qabanayo.

<u>Ahl-u-Safaa:</u> Xilligii Rasuulka (NNKHA) waxa jirtay koox saahidiin ah oo si joogto ah ugu foogganyd cibaadeysi, akhriska Qur'aanka, khalaawayn, xus (*dikri*) iyo tukasho, kuna negaa Masaajidkii Rasuulka (NNKHA) ee Madiina.

<u>Saf-al-Awal:</u> Kuwa Muslimiinta ka mid ahaa xilligii Rasuulka (NNKHA) ee goor kasta ku dadaali jiray in ay shantooda salaaddood ku gutaan safka hore ee masjidka.

Sophia (Sofiya): Erey Giriig ah oo la ula-jeeddo ah, "Marcifada Ilaahiga ah" ama "xirrib" (xikmad), xidhiidhna la leh "*philosophy* (*philo +sophia*, "jacaylka xikmadda)

Se culimo iyo aqoonyahanno badani waxa ay rumaysan yihiin in ereygu ka soo jeedo "*Suuf.*" Aragtidani waxa ay ku sal leedahay dharxidhashadii dadkii taqwada u saaxiibka ahaa ee noolaa qarnigii Islaamka ugu horreeyay. Waxa la sheegaa in Rasuulka (NNKHA) iyo rumeeyeyaashii hareerihiisa joogay ay xidhan jireen maryo suuf ah; oo tilmaan u ah ka-xidhiidhfuranka adduunyada, iyo doorbididda ku noolaansho nolol fudud. Qarni kaddib, soo

---

[23]Shahida Bilqies, Understanding the Concept of Islamic Sufism, Journal of Education & Social Policy Vol. 1 No. 1; June 2014

shaacbixii Islaamka, Carabtii oo badiba reer baadiye ahayd, ayaa qabsatay imbaraadooriyado waaweyn oo ay ka mid yihiin Beershiya iyo Ruum, iyo weliba gobollo ay ka jirtay ilbaxnimooyin fac weyn sida Masar; waxana ay is arkeen iyaga oo ku naalloonaya badhaadhe aad uga geddisan noloshii adkayd ee ay ku heysteen dhulkii lamadegaanka ahaa. Haddaba, kuwii iyaga ka mid ahaa ee Alle-ka-cabsigu ku xoogganaa ayaa baqdini ka gashay in ay ruuxdii Islaamku nafahooda ku dhex shiikhdo. Waxa ay dib u milicsadeen bilowgii Islaamka ee ku sifaysnaa fudayd cibaado iyo habdhaqan nololeed, waxa ay yeeleen in hu'goodu ahaado maryo qallafsan oo suuf ah, si ay ugu noqoto astaan muujin u ah diidmo iyo ka siqsiqidda qaabkii ay u dhaqmayeen madaxdoodu. Waxa ay noqdeen, inta ay karayeen, qaar ku foogganaada soomitaan, ciijinta rabitaannada jidheed, iyo dhaldhalaalka nololeed, kana dheeraaday magacraadin, iyo hanti-urursi.[24]

Ibn Khalduun, waxa uu qorayaa in erayga Tasawuf aanu jirin xilligii facii ugu horreeyay ee Islaamka, se qarnigii labaad, markii ay Muslimiinta ku dhex badatay ku-fogganaanta arrimaha adduunyo, ayaa kuwii u go'ay cibaadada loogu yeedhay "Suufiya" ama "Dadkii Tasawufka."[25]

Tasawufku waa lubbiga Islaamka. Qalbiga ayaa lagaga safeeyaa astaamaha bahalnimo ee hooseya sida rabitaanka galmo aan

---

[24]Nahid Angha, The Origin of the Word Tasawouf, Sufism: An Inquiry.

[25]Ibn Khaldun, *al-Muqaddima* [N.d. Reprint. Mecca: Dar al-Baz, 1397/1978], 467.

soohdinta lahayn, xinka, xasadka, adduunyo jacaylka, cadhada, isu-bogidda iyo magacsami aad si gurrcan u raadsato, masuugga, hunguriweynaanta, sabidda (khiyamada), is tuska, iwm. Dhinaca kalena, waxa ay tahay, in qalbiga la huwiyo tilmaamaha wanaagsan ee ay ka mid yihiin dembidhaaf raadinta, sabirka, mahadinta, cabasida Eebbe (SoK) iyo ku kalsoonaantiisa, jacaylka, runsheegnimda, hor-Alle-u-jeednimada, khalaawada, cunidda cuntada oo aan lagu talax tegin.

Mid ka mid ah qeexitaanka 'tasawufka' oo aan aad ugu bogay waxa ka mid kan Imaam Nawawi (1234-1277):

> [...Astaamaha Jidka Suufiyiintu waa... in aad laabta ku heyso agjoogga (Afcarabi: *Maciyah*) Eebbe marka aad bulsho ku dhex jirto iyo marka aad isku keliyaysato, in aad raacdo Sunnada Rasuulka (NNKHA) odhaah iyo falaadba.. Isaga (Eebbe) mooyaane aanad cid kale talo saaran, ku faraxsanaato wixii uu Eebbe (SoK) kugu mannaystay, haba yaraatee, iyo in aad goor walba arrimahaaga u ban dhigto Eebbe (SoK)..] (*al-Maqasid at-tawhid, Imam a-Nuwawi*)

Mararka qaar, duruqa Suufiyadu, siiba qaar ka mid ah culimadoodu, waxa ay culimada Salafiyiinta kala kulmaan nacayb iyo fogayn – arrimo la xidhiidha fahankooda Islaamka.

Si kasta ha ahaatee, waxa jira Suufiyiin aad ugu caan baxay Alle-ka-cabsigoodii iyo habdhaqankoodii dhifka ahaa. Waxana ka mid ah gabadh la odhan jiray Rabiica al-Cadawiyah, iyo Junayd al-Baqdaadi, Ibraahim al-Adhem, Xasan al-Basri, iqk.

Waxa kale oo jiray Imaam Al-Qasaali oo ku noola Suuriya qarnigii 12aad miilaadi. Waxqabadyadiisii ugu doorka roonaa oo ay ka mid ahaayeen qoriddii kitaabkii *"Ixyaa culuum u-diin"*, *"Kiimiyaa a-Sacaada"*, iyo qaar kale, waxa uu ka duulayay, rabayna in uu dunida Islaamka ka dhaadhiciyo in Tasawufku ka soo jeedo Qur'anka isla markaana uu la jaan qaadsan yahay Islaamka. Dadaalkiisii iyo wax-soo-saarkiisii waxa uu ku helay naanaysta "Xujat-ul-Islaam", waxana uu Al-Qasaali tusaale u noqday dad badan oo Runta goobaya. Marxaladihii naf la jihaadidda ee Imaam al-Qasaali waxa ay isagii isu marisay dhul aad u baaxad weyn sida, Dimashaq, Bait-ul-Maqdas, Nishaabuur iyo ku laabashadiisii magaaladii uu ka soo jeeday ee Tuus.

Imaam Qasaali oo jid dheer u mary – jidh-ahaan iyo maan-ahaaba – in uu Runta gaadho ayaa waxa uu sameeyeey rogrogid, kala hufid iyo kala shaandayn arrimo ruuxi ah; waxana uu samaystay qorshe tabaysan oo uu Runta ku gaadho. Waxa uu baadigoobeyaasha Runta *(Daalibiin)* u qaybiyay afar qolo oo kala ah:

- *"Mutakallimuun"* ama kuwa ku xeel dheeraaday *"cilm-al-kalaam"* oo sheegtay ama isu dhigay in ay daboolaan baahi ay keensatay in Islaamka iyo mabaadi'diisa lagaga caabbiyo (difaaco) kuwa shakiga geliya ama dadka ka leexiya. Kuwaas oo iyagu isu arka in iyaga uun looga dambeeyo wixii fikir iyo aragti ah;
- *"Baadiniyah"* oo iyaguna isu arkayay in ay haleeleen "macrifo" gaar ah, oo ay keligood ka heleen imaam ay rumaysan yihiin inuusan dembi ka dhicin *(macsuum)*;
- Faylasuufyo *'falaasifah'* oo iyaguna sheegtay in ay ehel u yihiin maangalka *(mandaqa)* iyo muujinta *(burhaan)*;

- Suufiyada oo iyaguna keli-ahaantood isu arkayay in loo gaar yeelay agjoogga *(xadrah)* Eebbe (SoK), Aragga *(mushaahada)* iyo fahan aan ku iman dhirindhirrin garasho iyo maangalnimo *(mukaashafah)*.

Gunaanadkii baadigoobkiisii iyo rogrogiddii qaybahaas kala duwan waxa uu go'aansaday in uu tubta Suufiyada raaco. Waana kan hadalkiisi:

> [...Waxa ii dhacday (yiqiinsaday) in ehlu-tasawufku yihiin kuwo ku fadal dheereeyay dhinaca jidka Eebbe (Sarree oo Korreeye); habdhaqankooda nololeedna yahay ka ugu wanaagsan; jidkooduna ka ugu sugan; geddooduna (akhlaaqdooduna) ta ugu saxar tirin; haaheey, haddii meel la isugu keeno aqoonta aqoonyahanka, xirribta (xigmadda) waxgaradka, iyo culimada ruugtay culuunta sharciga, si ay (ehlu-tasawufka) wax uga dooriyaan habdhaqankooda iyo akhlaaqdooda, si ay u sii hagaajiyaan, sidaas meeli ugama bannaana. Maxaa yeelay, dhammaan dhaqdhaqaaqyadooda iyo joogsiyadoodu, kor iyo hoos (laab), waxa ay yihiin qaar ka dhimbiil qaadanaya nuurkii faynuuska Nebinimo; mana jiro Nuurkaas Nebinimo mid ka dambeeyay oo laga dhimbiil qaadan karo...]
>
> *Al-Munqid min-a-Dalaal, (Bogga 62)*

Suufinnimada Galbeedka iyo Tasawufka Dhabta ah

Beryahan dambe, waxa dalalka Galbeedka ku sii fidaya jaad cusub oo 'Suufinimo' (*Sufism*), isla magacaasna loogu yeedho. Waxa xawaare sare ku socda faafitaanka, buugga *Mathnawi*, ahna suugaanruuxeedka Jalaal-ad-Diin Ruumi (1207 – 1273 CKD), oo ka kooban 50,000 oo sadar, oo akhristaha u bidhaaminaya sida uu u gaadhi karo, ama u hanan karo jacaylka dhabta ah ee Eebbe (SoK). Gabayga Ruumi, waxa la sheegaa in uu yahay ka ugu iibsiga badan dhulalka reer Galbeedka, jeeroo uu ka mudhay suugaantii William Shakespeare, 'boqorkii' suugaanta Af Ingiriisida. Waxa jirtay in UNESCO u astaysay gu'gii 2007, Maalinta Caalamiga ah ee Ruumi (6da Sibtambar), oo ku beegnayd 800 oo gu' dhalashadiisii. Sida uu caan uga noqday dalalka reer Galbeedka, waxa muujin u ah, in diiwaankaas gabayada ruuxiga ahi uu laabta u saarnaa Laura Bush, marwadii Madaxweynihii Maraykanka, George Bush, muuqaal ay ka qaadeen sawirqaadeyaashu xilligii marka labaad madaxweyne loo doortay.[26]

Suufinimadaas Galbeedka ka jirta, haba weecsanaatee, waxa ay dadyowgaasi u arkaan in ay doorasho (*badiil*) u tahay saansaanka

---

[26]Juliya Howell, Sufism in the Modern World, Oxford Islamic Studies Online.

ka jira dhulalkaas ee ku qofaysan hoobasho ruuxaaniyadeed, iyo habdhaqanka nololeed ee walaxaysiga, kuna dhisan 'i taabsii', ee *maaddiga* ah. Dhinacaas marka laga eego, waxa ay u muuqataa in "suufinimadaasi" ay u dhigan tahay buundo aadane, kol haddii qaabnololeedkaasi uu dhiirri gelinayo 'jacayl' iyo is-ahaansho caalami ah, nabad iyo isu dul qaadasho. Dhinaca kalena, halisteeda ayaa ay leedahay kol haddii ay ka dhalan karto in dad Islaamka si dhammaystiran u qaadan lahaa ay ku kadsoomaan, door bidaanna fududaanta ku dhaqanka 'suufiyadaas' la dhalan geddiyay.

Astaamaha suufinimada jaadkan oo kale ah, ee aynnu kor ku soo xusnay, waxa ka mid ah in qof kasta oo sheegta Suufi aan la odhan karin waa Muslim. Taas ulajeeddadeedu waxa weeye in dad badani la dhaceen ruuxaaniyadda Islaamka iyo sida tasawufka dhabta ahi uu nafta uga saxar tiro rabitaannada liita ee taban (*Ammaara bi-suu'*), loona gaadhsiiyo *Nafs al-Mudma'innah* ama raallinimo nafeed. Ha yeeshee, kol haddii isha uu ka soo burqaday tasawufku uu yahay Islaamka, waxa halkaas innooga dhex muuqan kara in Suufiga dhabta ahi ahaado mid ku jira xayndaabka Islaamka, kuna dhaqmaya faritaankiisa iyo reebitaankiisa. Sidaas awgeed, waxa jira kooxo aan shardi ka dhigin Muslimnimada qof si uu uga qayb galo xusas wadareedeedyada ruuxiga ah (dikriga), ha yeeshee tasawufka dhabta ah waxa irrid u ah qiraalka iyo ku dhaqanka shanta tiir ee Islaamka. Markan oo kale, "suufiga" reer Galbeed, waxa uu ahaan karaa jeclaade (*muxib*) xus ama dikri, isaga oo aan ahayn Muslim, se marnaba ma noqon karo '*muriid*' (arday), ama "*saalik*" (ku socda jidka Eebbe), si uu qalbi ahaan uga ag dhowaado Eebbe (SoK).

Hoos-u-dhaca ruuxaaniyadeed ee bulshooyinka reer Galbeedka, oo ka dhashay is-hirdigii saynaska iyo Masiixiyadda/Cibraaniyadda waxa uu walhad iyo madhnaan ku keenay laabaha dad badan. Waxana ay bilaabeen in ay dib u sahan tagaan, waxana ay 'Suufinimada' u arkeen qaar badan oo iyaga ka mid ahi in ay buuxin karto baahiyahooda ruuxiga ah. Se sida aan kor ku xusay, waxa ay door bideen suufinimo sar-ka-xaadis ah oo ay ku tilmaamaan 'Suufinimada Caalamiga ah ama Suufinimada reer Galbeedka' ah, oo qaar badan oo ka mid ah dadka qaataa aanay toos u gelin diinta Islaamka.[27] Dhinaca kale, waxa muuqata in Suufinimada jaadkan oo kale ahi soo jiidasho weyn u yeelatay dad kala duwan oo rumaysan diino kala jaad ah sida Masiixiyiin, Buudiyiin, Hinduus, Cibraaniyiin, iqk. Sidaas daraaddeed, Suufinimadan oo kale waxa ay turunturro ku noqotay baaqii diinfidiyeyaal badan oo Muslin ah, iyada oo leexsatay dad rabay hanuun, se ku kaaftoomay fudaydkeeda.

Haddaba marka uu arrinku sidan oo kale yahay, la-yaab ma laha in ay dhaqdhaqaaqyada Islaamiga ah ee badiba lagu sunto magaca

---

[27] Suufinimada reer Galbeedka waxa bilowgeeda lahaa nin la odhan jiray Cinaayat Khan (Inayat Khan), gu'yaashii 1920aadkii. Suufinimada reer Galbeedku waa mid aan soo geli karin xayndaabka Islaamka, kol haddii si xulasho ku jirto qaybo uun looga qaatay, intii kalena indhaha iyo laabaha laga laliyay.

Salafiga[28] ah indho tuhun ku eegaan, isla markaana fogeeyaan cid Alle ciddii ku abtirsata Suufinimada.

Dhinaca kale, Muslimiinta dhexdooda, waxa laga dhex heli karaa dad sheegta Suufinimo, oo la haleelsiin karo magacbixinta Af Carabiga ah ee *"Mutasawufah"* ama "Suufi-iska-yeelyeeleyaal" oo haddii falliimooyinkooda loo ban dhigo Shareecada ay kaaga soo dhex baxayso wax badan oo lagu diidi karo habdhaqankooda – haddii ay tahay tukashada oo ay fudaydsadaan, masaajiddana aanay tegin, ama kuu sheegaan in ay kulan sare oo aan caadi ahayn la tukadaan, iwm. Waana kuwa uu Fariid-ud-Diin Caddaar ku sheegay gabaygiisii:

"You seem Sufi to the common folk
But hide a hundred idols within your clock![29]

--0--

(Waxa aad dadka dhexdiisa u eg tahay Suufi,
Se boqol sanam ayaa hilaabtaada kuugu hoos jira!)

Ha yeeshee, tasawufka dhabta ahi waxa uu ahaa mid la kowsaday Islaamka, illaa haatanna jira. Imam Nuwawi oo faahfaahin ka bixinaya Suufiyiinta dhabta ah ayaa sidan ku qoray kitaabkiisii *al-Maqasid fi al tawhid wa al-`ibada wa usul al-tasawwuf*:

Tilmaamaha Suufiyadu waxa ay yihiin shan:

---

[28]Salafi (Asalraac) = Waxa lagu tilmaamaa qof ka tirsan ama isu tiriya asalraac sunni ah oo u dooda in loo noqdo Islaamka bilowgiisii – Quraan iyo Sunneba..

[29] Farid-u-Din Attar, The Conference of the Birds, bogga 94.

- In qalbigaagu ku xidhnaado Eebbe (SoK) haddii aad naftaada iyo adigu isla/isku keliyaysataan iyo haddii aad bulshada dhex joogtid;
- In aad raacdid Sunnadii Rasuulka (NNKHA) kuna rumaysid falaad iyo odhaahba.
- In aad ka dheeraato in aad baahidaada ula iilato dadka;
- In aad raalli ku ahaato waxa uu Eebbe (SoK) kuugu deeqay, haba yaraato e;
- In aad had iyo jeer arrimahaaga u ban dhigto ulana iilato Eebbe (SoK).

Waxa la sheegaa in Imaam Nuwawi uu geeriyooday ka hor intii uusan dhammaystirin kitaabkiisii *Bustan al-caarifiin fi al-zuhd wa al-tasawuf*, oo ka kooban odhaahyo qaayo badan oo ururis ah, oo ay lahaayeen culimadii tasawufku – kuwaas oo iftiimin ka bixinaya siyaabaha loo saxar tiro nafta. Tusaale-ahaan, isaga oo ka hadlaya xumaanta *nifaaqa*) iyo is-tusnimada (*riyaa'*), soona xiganaya Imam Al-Shaafici, waxa uu sheegay sidan:

"Al-Shaafici ayaa yidhi, AHUN: 'Keliya qof ku sifaysan badhaxtirnaan qalbi *(mukhlis)* ayaa garanaya waxa uu yahay kufricaloolo iyo is-tusnimo (*riyaa'*)'. Taas ulajeeddadeedu waxa ay tahay in aysan suurtogal ahayn in la garto xaqiiqada kufricaloolada iyo is-tusnimada, iyo weliba muuqaalladooda qarsoon, keliya mooyaane qof raadsanaya raalli-ahaanshaha Eebbe (*sincerity*) – kaas oo ammin dheer dadaal geliyay oo baadhis naftiisa ku sameeyay jeer uu ka gartay waxa uu yahay kufricaloolo iyo istusku. Tan oo kale qof walba kuma dhacdo. Haaheey, waxa keliya oo ay u rumoodaa dad gaar ah (*al-khawaas*), [kuwaas oo kaalintaas ku gaadhay dadaal, hor-Alle-u-jeednimo (daacadnimo) iyo gacanqabashada Eebbe]. Ha yeeshee, in qof iska sheegto in uu si fiican u garanayo cudurradaas qalbi, waxa ay u dhigan tahay aqoondarro dhankiisa ka ahaatay."

Saahidnimadu ma aha xidhashada dhar calal ah, mana aha ka dhex bixidda bulshada, is-go'doomin iyo buuregaleennimo, iyo afxidhnaan (soomitaan) joogto ah. Mana aha tusaalihii uu ka bixiyey Ameer Ali (1891) ee ahaa "ninka weelka dawarsigu ula ekaado sidii boqor taajkii, adduunyaduna la tahay sidii xumbo ama xoor ay dabayli kor u duulinayso oo aan lahayn wax raandhiis ah; isuna arka in uu keligii ka gudbi karo badweynteeda loogu jiro raadinta RUNTA – kaas oo nolosha uu u heysta sheekokhayaal." Syed Ameer Ali waxa uu ku tilmaamay cidda aragtidaas qabta, lehna habdhaqankaas, in ay ku sifoobeen qaar ay haleeshay 'naafaonimo garashada' (*intellectual paralysis*)."

"The man who looks on the beggar's bowl as a kingly crown
And the present world as a fleeting bubble
He alone traverseth the ocean of Truth
Who looks upon life as a fairy tale.[30]

---

[30] Sayid Ameer Ali, The Spirit of Islam: A History of the Evolution and Ideals of Islam, Bogga 473. Cosimo Classics, New York. Originally published in 1891.

Can have but one result–intellectual paralysis[31]

Suubbanaheenna (NNKHA) ayaa ah hormuudka saahidiinta, haddana dhar cusub waa uu xidhan jiray; muuqiisa iyo dharxidhashadiisaba waa uu bili jiray, siiba marka uu cid kale la kulmayo, ama salaadda Jimce u baxayo, ama xilliga ciidaha. Saahidnimada waxa ka mid ah in uu qofku ku kaaftoomo, kuna raalli noqdo waxa yar, fududaanshiiyaha nolosha (*simplicity*), kana fogaado damaca aan soohdinta lahayn, iyo in uu wax walba naftiisa la jeclaado (*anaaniya/selfishness*).

Sheekh Hamza Yusuf,[32] mid ka ah muxaadarooyinkiisa, waxa uu ku tilmaamay tasawufku in uu u dhigan yahay sykoolajiyada aynnu ku fahmi karno ruuxda. Kolkaasna kor ugu qaadi karno la 'heshiinta' Eebbe (SoK). Waxa uu xusayaa in suufinimadu jaranjaro leedahay. Jidkaas bilowgiisa waxa ay naftu u baahan tahay in ay marto marxaladda loo yaqaan "*Takhliyah*" (faaruqin), ahna in ruuxda laga dheego xumaanta iyo tilmaamaheeda. Marxaladda labaad waa "*Taxliyah*" (huwin) oo ah in ruuxda la huwo sifooyinka wanaagsan. Marxaladda ugu dambaysaana tahay "*tajliyah*", oo ah in ay qofka ku weynaato weynida (*cadamah*) Eebbe, isla markaana ay ruuxdiisu korto, iimaankiisuna xoogoobo.[33]

---

[31] Syed Ameer Ali, The Spirit of Islam: A History of the Evolution and Ideals of Islam, p. 473 Cosimo, Inc, New York.

[32] Caalin Maraykan ah, iyo aasaasaha Kulliyadda Zaytuuniya, ee ku taal Maraykanka. Waxa ii Islaamay 1977kii.

[33] https://www.youtube.com/watch?v=199SLrAhk80

Tasawufka iyo Dunida Maanta

Dhibaatooyinka kala duwan ee caalamka ka jira ee ay ka mid yihiin ruuxaaniyaddii oo hoobad gashay, welwel iyo walbahaar hadheeyay bulshooyinkii caalamka, iyo qaar kale oo badan awgeed, waxa beryahanba soo if baxayay baahida weyn ee loo qabo badiil lagaga baxo saansaankaas nafsiyadeed ee murugsan. Werwerka, walhadka ruuxeed iyo boogaha laabaha (*qalbiga*) ku dhigmay, waxa ay sidoo kale raadayn taban ku yeesheen dhinacyada kala duwan ee nolosha dadka.

Qoraagani waxa uu qabaa in Tasawufka laga dhex heli karo daawo aynnu ku maaraynno ama saamayntooda lagu yarayn karo cudurradaas bulsho, madhaantaas ruuxaaniyadeed, hunguriweynaanta iyo musuqmaasuqa xadhkaha goostay, saboolnimada, qalalaasaha dhiigbaxu hadheeyay, iyo burburka deegaan, intaas oo dhammaantood raadayntoodu waxyeello daran u geysanayaan arlada iyo noolaha ku noolba.

Muslimiinta dhexdooda, maanta waxa si xoog leh u kordhay aqoontii Islaamka, maalin ay ka culimo badan yihiinna ma jirto, goor dhadhaqaaqyada isu dhigay in ay ka shaqaynayaan cusboonaysiinta Islaamka (*tajdiid*) ay ka tiro badan yihiinna lama arag, haddana waxa hadheeyay kala-qaybsanaan, isxasuuqid iyo dhagaro aan kala go' lahayn, jahowareer fikir, dulmi, musuqmaasaq, cadaadis, iyo kelitalisnimo. Ducooyinkii Suubbanaheennu (NNKHA) u jideeyay in ay rumeeyeyaashu ku ducaystaan waxa ka mid ah: **"Eebboow, waxa aannu kaa magan** galnay cilmi aan lagu intifaacsan, qalbi aan khusuuc lahayn, duco aan dheg loo dhigin (la aqbalin), iyo naf aan dhergin". Run-ahaantii waa ay u muuqataa in Suubbanaheennu (NNKHA) sii ogaa saansaanka aynnu maanta ku jirno ee ku suntan hoobashada ruuxaaniyadeed, hunguri aan wax hanbaynayn, iyo 'samadii oo xidhantay'.

Wixii Kooban Ayaa Qurux Badan

Beryhan dambe ka hor, dhaqaaleyahannada adduunka waxa ay rumaysnaayeen aragtida ah "in aad meel uun taagnaataa, waa dhagaxoow, in aad sii shiikhdaana waa tubtii dhimashada" (*to stand still is to stagnate, and to become smaller was to die*). Taas waxa ay uga jeedaan haddii hore loo socon waayo, halabuurna lala iman waayo, arrimuhu si tartiibtartiib ah ayaa ay isu soo guri doonaan. Ha yeeshee, waxa soo xoogaysanaysa dood ka duwan taas oo halku-dheg looga dhigay **"Wixii kooban ayaa qurux badan"** (*Small is beautiful*). Isbeddelkan aragtiyeed waxa uu ku sal lee yahay jidka uu aadanuhu u qaaday 'horumar-ku-sheegga' arlada ka dhigaya mid ku sii siqaysay mid aan kaabi karin nolosha nooleyaasha (uu aadanuhu ku jiro). Si-xun-u-adeegsiga iyo gabaabsiga kheyraadka dabiiciga ah, hoos-u-dhaca kaladuwanaanshaha noole iyo dabar go'ooda, hunguriweynaanta isqaniinsiinaysa bulshooyinka caalamka iyo isku soofayntooda – taas oo dhaxalsiinaysana isgumaadkooda, ayaa ka mid ah dhibaatooyinkaas jira.

Dunida reer Galbeedka oo hormood u ah habsocodkaas aynnu kor ku soo sheegnay ayaa bulshooyin tiro badan oo ka mid ah iyagu ay hadda u dhacaysaa in ay gacantooda ku suubbiyeen saansaankii iyaga u jiidi lahaa burburkooda (iyo keennaba), si la mid ah sheekadii malo'awaalka ahayd ee ku soo baxday buuggii *"Frankenstein; or, The Modern Prometheus,"* ee ay qortay Mary Sheller (1818kii). Waa sheekadii Victor Frankenstein, saynisyahan dhallin yar, oo isyidhi waxa aad heshay sirtii nolosha, markaasna, isaga oo adeegsanaya tijaabo cilmiyeed oo aan tub hagaagsan loo marin, oo uu ku 'alkumay/abuuray' qof-la-mood silloon oo markii dambe halis ku noqday isagii. Frankenstein aad ayuu uga tiiraanyooday falaaddiisii markii uu arkay dhibaatooyinka uu ku kacay bahalkii qof-la-moodka ahaa – kaas oo ugu horrayntiiba dilay walaalkii.

Dhinaca kale, lama yaraysan karo wax-ku-darsiga reer Galbeed ee horumarka maanta adduunka ka jira – haba lahaado togganaan iyo tabnaanba e, ha yeeshee waxa isa soo tarayay saluug ka dhashay sida horumarkaasi ugu xuub siibtay walaxaysi/ qalabdoonnimo (*materialism*), kana mullaaxsamay ruuxaaniyaadkii, ahaadayna mid dadnimada tirtira (*dehumanization*). Tusaalaha ah *Frankenstein Monster* ee aan kor ku soo xusay waxa kaabaya tusaale kale oo ay mararka qaar cilmi sayniska jaadkan oo kale ah ee ka dhashay aragtidaas diin-ka-cararka ah, loogu magac bixiyay *"Faustian Science"*. Haddaba kuma ayuu ahaa "Faust?" Waa sheeko ku xusan gabay uu qoray falasuufkii dalka Jarmalka u dhashay ee magaciisu ahaa Goethe. Waxa uu ka sheekeeyay saynisyahan guulo ka gaadhay nolosha, ha yeesheee degganaansho nafsiyadeed iyo raalli'ahaansho ku heli waaaya nolosha, kolkaasna isu dhiibay (ama ruuxdiisii ka iibiyay) Shaydaan, si uu (waa filashadiisa e) badhaadhe ku helo adduunka korkiisa!

Tusaalaha aan bixinayaa waxa uu u taagan yahay qalfoofnimada ilbaxnimadaas, iyo in ay jiraan dhawaaqyo isa soo taraya oo saluugsan qaabka ay wax u socdaan. Waxa ay tahay sababta Suufinimo jaad goonni ahi (haba ahaato mid aan la jaan qaadsanayn tasawufkii saxa ahaa ee Islaamka) ugu fidayso dalalka reer Galbeedka. Waa sababta gabayadii Jalaala-ddiin Ruumi ay u noqdeen kuwa loogu akhris badan yahay.

Waxa se is-weyddiin mudan, maxaa kale ee lagu doorsan karaa hannaankaas murugsan ee bulshoweynta caalamku dhex dabbaalanayaan?

Dunida Islaamka waxa aynnu ku doodnaa in Islaamku isu dheelli tirayo baahiyaha ruuxaaniyadeed iyo ta walaxaysi (*maaddi*). Se runtu waxa aanay ka fogayn in weli aynnu ka gudbi kari la'nahay keliya waxa aynu afka uun kaga dhawaaqno, halkii la buuxin lahaa madhaanshiiyahaas ruuxaaniyadeed ee kaabi lahaa walaxaysiga.

Qodobkan yeynaan ka gudbin innaga oo aan wax ka sheegin Ernest F. Schumakar, iyo buuggiisa caanka ah ee *Small is Beautiful: a study of economics as if people mattered*, ee uu qoray 1973kii, oo noqday mid aad loo iibsado. Buuggaasi iyo qoraagiisuba waxa ay gacan ka geysteen in ay shaac bixiyaan, qabeeyaanna waxa loo yaqaanno deegaanjirenimada casriga (*modern environmentalism*), aragtiyaha iyo hiraallada horumar, iyo dhaqdhaqaaqyada caalamiga ah ee sooridda (caddaaladda) ku aaddan bulshooyinka. Aragtida buuggiisa udubdhexaadka u ahi waxa ay tahay in bulshooyinka casriga ahi ay ka xidhiidh furmeen qiyamkii iyo baahisaleedyadii aadamaha, marka ay sidaas yeelayaanna ay hoojinayaan arladii iyo dadkiiba. Waxa kale oo uu rumaysnaa in la wadeeceeyay waxa uu ugu yeedhay "xirribtii (xigmaddii) soo-jireenka ahayd", oo uu ula jeedo diimaha, iyo kaalinta ay ku lahaayeen baraarujinta iyo toosinta wacyiga dadka.

Tasawufka iyo Deegaanka

Laba arrin ayaa go'aamiyay ama igu dhiirri geliyay in uu xiise ii galo hoos-u-dhugashada iyo wax-ka-ogaanshaha tasawufka.
Mid waxa uu ahaa buugga magaciisa la yidhaahdo *The Forty Rules of Love* ee ay qortay qoraaga u dhalatay dalka Turkiga ee Elif Shafak. Buuggaas waxa uu guud-ahaan u dhigan yahay, qaab male'awaal (iyo qaybo run ah), waxana uu isugu tidcan yahay laba sheeko oo is-barbar socda, oo midkood dib innoogu celinaysa qarnigii 13[aad] iyo noloshii Jalaal-uddiin Ruumi iyo Shams Tabriizi, oo kan dambe loo aqoonsan yahay in uu ahaa hagihii ruuxiga ahaa ee Ruumi, sheekada kalena ay tahay mid lagu saameelay in ay dhacday xilliyadan dambe iyo weliba deegaan ka geddisan dhulalka Bariga Dhexe, oo ah carriga reer Galbeedka.
Arrinka labaad waxa uu ahaa diyaarin aan ku sameeyay koorso aan bilaabay dhigistiisa 2016[kii] oo ku suntanaa *"Islaamka iyo*

Deegaanka" (*Islam and Ecology*) oo aan ka bixin jiray Jaamacadda Hargeysa.

In aan derso taariikhnololeedkii Ruumi, oo markii dambena igu riixday in aan culimo kale oo lagu hal qabsado tasawufka, ayna ka mid yihiin Fariid-uddiin Caddaar, Ibn Al Carabi, Nuur-uddiin Cabdaraxmaan Jaami, Junayd Al-Baqdaadi, Raabica al-Cadawiyah, iyo qaar kale, waxa iiga soo dhex baxay in ku-xidhnaanshaha iyo jacaylka dabiicaddu uu astaan u yahay dadka ku raadaysma tasawufka – kuwaas oo intooda badani noloshooda u habeeyaan ama raacaan qaabnololeed fudud, sidaas daraaddeedna ay noqon karaan ama loogu yeedhi karo qaar deegaanka la jaal ah, marka la barbar dhigo bulshada qaybo ka mid ah oo caydhsigooda adduunyo uu dar (sabab) u noqday dhaawacgaadhsiinta arlada iyo kheyraadkeeda dabiiciga ah.

Eebbe waa Wanaagsane, wanaaggana waa jecelyahay

Eebbe (Sarree oo korreeye) aadamaha waxa uu u abuuray "muuqaal iyo dheellitiran ka ugu fiican"[34] isla markaana Eebbe (SoK) waxa uu ka yeelay mid karaamo ama sharaf huwan[35], ammintii abuuristiisana waxa uu faray Malaa'iigta in ay u sujuudaan. Sidaas daraaddeed, in uu takrifal iyo habdhaqan aan wanaagsanayn kula kaco noolaha intooda kale iyo kheyraadka dabiiciga ahba waxa ay u dhigan tahay xil-kasnimo-darro

---

[34] Qur'aanka Kariimka ah: At-Tiin - 04

[35] Qur'aanka Kariimka ah: Israa' - 70

weyn. Dhinaca kalena, "Eebbe waa wanaagsane, wixii wanaagsanna waa Uu jecel yahay"[36], abuurta Eebbena, noole iyo ma-noole, waxa ay isu raacsan yihiin si ka madhan kala-dhantaalnaan, waana ay qurux badan yihiin.

Sida uu qabo Ibn Al-Carabi, oo lagu hal qabsado hilaadinta aragtiyaha la xidhiidha dabiicadda iyo jiraalka, quruxda ilaahiga ah (*devine beauty*) ee Eebbe loogu yeedho "Wanaagsane" [*Jamiil*], sidoo kalena yahay Mid "wanaagga/quruxda" jecel, ayaa ka dhex muuqata wax kasta oo uu Eebbe (SoK) kawnka ku dhex abuuray. Abuur kastaana run-ahaan waxa ay markhaati ka tahay sifooyinka qurxoon ee Eebbe.

Dabiicaddu dhammaanteed waa Muslin

Runta ah in dabiicadda iyo kawnku guud-ahaan yihiin abuurta Eebbe (SoK), isla markaana u hoggaansan yihiin rabitaankiisa (*iraadadiisa*) ayaa innagu hoggaaminaysa runta ah in dabiicaddu dhammaanteed ay tahay *Muslin*. Waxa kale oo ay dabiicaddu tahay 'buug' dhammays tiraya 'Kitaabka qoran' ama Qur'aanka Kariimka ah.

Khalaaweynta mararka qaarkood kuu saarta bannaannada, buuraha iyo dhiroonka dhexdooda, waxa ay kansho (*fursad*) kuu siisaa in aad fool-ka-fool dabiicadda isu abbaartaan, akhridona kitaabkaas kawniga ah.

---

[36] Xadiith uu weriyay Muslim # 131

Cabdu-Raxmaan Jaami (1414-1492 CKD)[37], oo ahaa suufi iyo gabayaa reer Faaris ah, mar uu ka gabyay ku-keliyaysiga iyo dhexmuquurashada dabiicadda iyo samayskeeda, sidan ayuu wax u cabbiray:

"Creation's book I studied from my youth,
And every page examined but in sooth
I never found therein aught save the 'Truth',
And Attributes that appertain to 'Truth'.
What mean Dimension, Body, Species,
In Mineral, Plant, Animal degree?
The 'Truth' is single, but His modes beget
All these imaginary entities."[38]
(Cabdu-Rahman Jami)

---o---

"Buugga dabiicadda ee aan daraasaynayay tan iyo yaraantaydii, oo aan bog walba si dhab ah ugu kuur gelayay, kama aanan helin wax ka duwan 'RUNTA', iyo astaamaheeda tooska ula xidhiidha 'Runta'. Maxay ku kala qaybsamaan Baaxad/Qaro, Wax la taaban karo, iyo Noole? keliya in ay ku kala sugan yihiin saansaan kala duwan sida Macdan, Dhir, ama Noole? Maxaa yeelay, 'Runtu' waa mid uun..."

---

[37]CKD = Tirsiga taariikhda miilaadiga ah (Ciise ka dib)
[38]Lawa'ih, a treatise on Sufism, by Nur ad-Dīn Abd ar-Rahmān Jāmī, with a translation by E.H. Whinfield, and Mirza Muhammad Kazvini, and pref. on the influence of Greek philosophy upon Sufism", Royal Asiatic Society (1906)

Tusaaleyaal ka mid ah deegaanjirenimadii Suufiyiintii hore

Jalaal-ud-Diin Ruumi gabaygiisan hoos ku qoran waxa uu ku muujinayaa waxa cilmisayniska lagu yidhaahdo 'wareegga macdanta/nafaqada' [*nutrient cycle*], oo u dhiganta waxa ay Suufiyiintu u yaqaanniin '*Dawriyah*', ahna meertada adduunkan korkiisa uu nooluhu iyo ma-nooluhu galaan. Waxana uu gabaygan soo socdaa xoojin u yahay runta ah in qof kasta oo dhashaa uu dhiman doono, ku noqon doono dhoobadii Nebi Aadan (NKHA) laga abuuray, ciidda nafaqayn doono, nafaqadaas qayb ka mid ahi geed nafaqayn doonto, qayb ka mid ah nafaqadii asal-ahaan ka soo jeedday qofka (ee badhkeed laga yaabo in ay geed dux u noqotay) ay sii nafaqayn doonto xawayaan (tusaale-ahaan in uu neef xoolaad daaqo), caleen daaqihiina uu cuni doono hilib cune (dad iyo dugaagba). Ha yeeshee, si ka geddisan Dahriyiinta (sida ku xusan Qur'anka)[39] aan rumaysnayn in la isa soo saari doono iyo nolol aakhiro toona, waxa uu Ruumi halkan kaga hadlayaa jidhka dadka iyo sida uu burburkiisu ula fal gelayo nooleyaasha kale (*organic matter*). Waxa uu u jeedaa in jidhkiisu qof-ahaan dhiman doono, se waxtaransigiisu aanu halkaas ku hadhin ama idlaalnayn, kol haddii uu gelayo meertadaas nololeed ee aynnu kor ku soo sheegnay – ilaa ammin uu Eebbe og yahay. Ha yeeshee naftiisu samaawaadka u bixi, markaasna haddii ay tahay mid ka saxar la' saaruqda

---

[39]'Waxa ay dheheen gaaladii wax kale ma jiro ee waa uun noloshannada dhaw (adduunyo), waana dhimanaynaa qaarna noolaan, waxaan waqtiga ahaynna nama dilo..' Surah: Aljaathiyah: 24.

(xaafoodka) adduunyo, ka ag dhawaan doonto 'Shirka Sare' ee barakaysan (*mala' ul-Aclaa/* Malaa'igta). Weliba ay naftu awoodi karto in ay xawaare ku dhaafto malaa'igta (oo looga jeedo in uu aadanuhu ka wanaagsanaan karo), dhinaca kalena kuwa ugu hooseeya ka hoosayn karo.[40] Waa sidaas marka uu aadanuhu ruuxdiisa u dhiibo, isuna sadqeeyo Eebbe, waxa ay ruuxdaasi u digo rogan doontaa mid xasilloon (*nafs-al-mutma'innah*). Markaansa, ay degdegsanayso u laabashada Eebbe.

"I died as mineral and became a plant,
I died as plant and rose to animal,
I died as animal and I was Man.
Why should I fear? When was I less by dying?
Yet once more I shall die as Man, to soar
With angels blest; but even from angelhood
I must pass on; all except God doth perish.
When I have sacrificed my angel-soul,
I shall become what no mind e'er conceived.
Oh, let me not exist! for Non-existence
Proclaims in organ tones: 'To Him we shall return'"[41]

---oo---

"Anoo macdan ah ayaa aan dhintay, una doorsoomay geed,
Anoo geed ah ayaa aan dhintay, oogsadayna anoo xayawaan ah,

---

[40] Suurah Tiin: Ayaadda 5aad.
[41] (Rumi), cited after Nicholson, *Rumi, Poet and Mystic,* London, 1950, p.103).

Anoo xayawaan ah ayaa aan dhintay, una doorsoomay qof.
Maxaan se u baygagi (baqan)? Goorma se ayaa aan dhimasho ku yaraan (ku nuqsaami)?
Ha yeeshee mar kale ayaa aan qof-ahaan dhiman, samaawaadkana ugu bixi la-jirka malaa'ig barakaysan;
Welibana aan malaa'igta xawaare ku dhaafi.
Eebbe mooyee, dhammaan cid jiraysa oo joogaysaa ma jirayaan.
Marka aan huro (sadqeeyo) ruuxdii saxarka la'ayd,
Waxa aan u digo rogan saansaan (xaalad) aan cidna maankooda ku soo dhicin,
Haaheey, ii banneeya aan ahaado mid aan jirin!
Maxaa wacay! jiraal la'aantu waxa ay isku cabbirtaa mashdhacyo nuxurkoodu yahay: 'Isaga uun (Eebbe) beynnu u noqonaynaa'.

Gabaygan sare waxa dadka qaar u fasirteen in uu xoojin u yahay tuhunka qaar ka mid ah Suufiyiintii lagu duri jiray in ay rumaysnaayeen waxa Afcarabiga lagu yidhaahdo "*Tanaasukh al-arwaax*" *(reincarnation),* taas oo loola jeedo in noolaha dhinta naftiisu aysan sidaas ku hadhin, balse ku soo baxdo jidh kale. Aragtidan oo Islaamka aan lug ku lahayn, waxa diidaya xaqiiqada ah in rumaynta Islaamku u baahan tahay rumaynta Isa-soo-saarka (*Bacthiga*) iyo Xisaabtanka Aakhiro – taasoo naf kasta iyo qofkii ay ku jirtay xisaabtoodu isku sidkan yihiin. M. Fethullah Gulen, hoggaamiyaha ruuxiga ah ee ururka Islaamiga ah ee *Gülen Hareketi*, kana dhisan dalka Turkiga, ayaa tilmaamay in Islaamku si qayaxan u deedafeeyay aragtida *Tanaasukh al-arwaax*, waxana uu sheegay in Suufiyiinta qaarkood loo tiiriyo in ay rumaysan yihiin aragtidaas ay laba midkood noqon karto: a) inay tahay ceebayn loo badheedhay; b) iyo in ay tahay fahan (garasho) xarfi ah ama sarkaxaadis ah oo lala beegsaday qoraalladooda iyo doodahooda.[42] Haddii aynnu Suufiyiinta afkooda u raacaynno innaga oo qaadanayna ulajeedda xarfiga ah, waxa ay ka dhigan tahay innaga oo odhaahda ah *"You are what you eat"* (waxa aad tahay waxa aad cunto) u qaadanayna, tusaale-ahaan "waxa aan ahay salladh, ama awr!" Sidaasna cid kale igu rumaysanayo!

Aragtida dineed ama falsafadeed ee *"Xuluulku"*(Dhexgalku) ama *"Tanaasukh al-arwaax" (reincarnation)*, waxyaabaha ay keensato waxa ka mid ah in noolaha dhinta naftiisu aysan sidaas ku hadhin, balse ku soo baxdo jidh kale. Mid uun baan ogahay, oo aan u baahnayn rogrogid: Waa arrin aan muran ka joogin in caqiidadaasi aysan ahayn mid Islaamka lug ku leh, waxa diidaya caqliga iyo weliba xaqiiqada ah in rumaynta Islaamku u baahan tahay rumaynta Isa-soo-saarka (*Bacthiga*) iyo Xisaabtanka Aakhiro – taasoo naf kasta iyo qofkii ay ku jirtay (naftaasi) xisaabtoodu isku sidkan yihiin. Waa se jireen, xilli xilliyada ka mid ah koox Suufiyada ka mid ah oo la odhan jiray "Nasiryah" ama "Xuluuliyah" oo qabay falsafadda "dhexgalka" si la mid ah sidii ay ka qabeen Nebi Ciise iyo Eebbe (SoK).

Suufiyiintu waxa ay ku doodaan in fikirkooda iyo qoraalladooda lala beegsaday fahan xarfi ah ama sarkaxaadis ah. Haddii aynnu Suufiyiinta afkooda u raacaynno innaga oo qaadanayna ulajeedda

---

[42] M. Fethullah Gulen, Reincarnation Undressing The Fallacies. The Fountain of life, Knowledge, and Belief. Issue 9 / January - March 1995.

xarfiga ah, waxa ay ka dhigan tahay innaga oo odhaahda *"You are what you eat"* (waxa aad tahay waxa aad cunto) u qaadanayna, tusaale-ahaan "waxa aan ahay salladh, ama awr!" Sidaasna cid kale igu rumaysanayo! Tusaalaha Xallaaj waa arrin kale. Ruumi iyo suufiyaal kaleba sida Sacad-ud-Diin Muxamad Shabistari (noolaa qarnigii 14aad) dejiyayna diiwaanka Gulshan I Raz, oo kaga fal celinayay 15 weyddiimood oo ku saabsan caqiidada Ehlu-tasawufka. Tusaale-ahaan, Xallaaj oo lahaa odhaahdii "Waxa aan ahay Runta" waxa uu ku tilmaamay hadal madhan iyo "cid uusan ahayn iska-yeelyeele."

Sida aan kor ku soo sheegay, jacaylka dabiicadda iyo deegaanjirenimadu waxa ay ahaayeen laba wax oo isu barkan Suufiyaashii hore. Meeriskan hoose waxa aan ka soo dhex qabtay mid ka mid ah gabayadii Fariid-uddiin-Caddaar (noolaa qarnigii 13[aad] miilaadi):

"A perfumed wood was burning and its scent
Made someone sigh with somnolent ecstasy.
One said to him: "Your sigh is ecstasy;
Think of the wood, whose sigh is misery!"

---o---

"Qoricuud ayaa gubanayay, kaddibna qiiqiisii carfigii ka baxayay ayaa qof ka yeelsiiyay in uu sanka ula raaco si ay ku jirto raalli-ahaansho iyo raynrayni.

Kolkaas ayaa uu qof kale ku yidhi: 'Neefsashaaadu waxa ay u dhigan tahay beerraqid (raynrayn), bal se ka warran qoriga ay neefsashadiisu tahay murugo, taah iyo eedaad!"

Bal u fiirso meeriskan sare sida uu suufigani ugu cabbiray dareenkiisa. Haddii uu ma-noole sidaas ka yeelayo, geed goyntiisa ama gubiddiisana dareen jaadkee ah ayaa uu ka qabi lahaa? Waxa aan muran ku jirin in uusan si dheeldheel ah u gooyeen – baahi u geysa mooyaane.

Dabiicaddu ma aha keliya in ay nooshahay; se si aftahannimo ku jirto ayaa ay u hadashaa. Bal mar kale u dhug yeelo sida uu Ruumi u qofaynayo dabiicadda:

"The speech of water, the speech of earth, and the speech of mud,
Are apprehended by the sense of them that have hearts"
(Jalaluddin Rumi: Mathnawi 1:3279)

---o---

"Tiraabta biyaha, tiraabta arlada, iyo tiraabta dhoobada, waxa ay u dhacaan (fahma) ama qabsada dareenka kuwa leh wadneyaal (nool)."

Tusaale kale waxa uu Ruumi kaga bixinayaa in wada sheekaysi iyo xanshashaq dhex maro abuurta kala duwan ee kawnka – ha ahaadaan noole ama ma-noole.[43] Waxa aynnu soo qaadan karnaa

---

[43] Aqoonta sayniska ee la xidhiidha nooleyaashu waxa ay muujinaysaa in uu jiro wada xidhiidh iyo wadasheekaysi dhex mara dhirta. Meesha ay iskala xidhiidhaanna waa shebekadda xididdada oo ay dareenwadaag ka yeeshaan, kheyraadka ciidda ku wadaagaan, kuna tartamaan, iskana raadeeyaan. (Waxa si faahfaahsan arrinka looga ogaan karaa

xidhiidhka ka dheexeeya dhirta iyo ciidda. Dhirtu waxa ay ciidda ku sii daayaan walaxo loo yaqaan *"exudates"* oo sidii dheecaan ah, kuwaas oo nooleyaasha ili-ma-aragtayda ah (*microbes*) u sheega goorta ay howl gelinayaan qaar ka mid ah qaababka kimiko ee ay u shaqeeyaan. Macdanaha saddexda ah ee ay dhirtu u baahan yihiin si ay u koraan waxa ay kala yihiin kaarboon, nitaroojiin iyo fosfor. Kaarboonku hawada ayuu ka yimaaddaa, se labada kale waxa ay ku jiraan ciidda. Intaas waxa raaca kaalinta ay cadceeda iyo biyuhu ka ciyaaraan isla falgalkaas yaabka leh:

"You yourself [the reader] know [instinctively] what words the sun, in the sign of Aries, speaks to the plants and the date palms.
You yourself, too, know what the limpid water is saying to the sweet herbs and the sapling."
The doing of God towards all the particles of the world is like the words (spells) breathed by enchanters. (Ruumi: Mathnawi: 6. 1068-69)

---o---

aqoonbaadhis ay samaysay Suzanne Simard oo u dhalatay dalka Kanada. Peter Wohlleben oo ah dhirdhowre (forester) u dhashay dalka Jarmalka ayaa isna buuggiisa *"The Hidden Life of Trees"* ku qoray in dhirtu sida dadka ay xogo isdhaafsadaan, isu digaan, kuwooda yaryar koriyaan iwm.

"Adiga, laftarkaaga [akhristahoow] ayaa [hoosta] ka og ereyada ay cadceeddu, markay soo gaa<u>dh</u>o Burjiga Naariya,[44] kula xanshashaqayso dhiroonka iyo sidoo kale geedtimireedka;
Laftarkaaga ayaa, sidaas oo kale, og ereyada ay biyahaha saxarka la'i ku odhanayaan geedaha qurxoon iyo kuwa soo biqla."

Haa! Cadceeddu marka ay soo gaa<u>dh</u>o burijiga Wanka (*Sign of Aries*), oo inta badan ku beegan bisha Seermaweydo, waxa ay diirisaa dhiroonka oo markaas ka fal celiya oo kora (haddii ay isla helaan roob).

Burburka iyo tayodhaca deegaanka soo gaadhaa waxa uu saamayn taban ku yeeshaa noolaha kala duwan oo ay ku jiraan dadku. Halkan waxa uu Ruumi ku xusayaa sida loo waayi doono codkii shimbirka magaciisa la yidhaahdo Suubaan Garawo (*Candaliibka* ama *nightingale*) marka ay dhirtu ubxin weydo, ayna engegaan. Waxa uu tusaalahani inna xasuusin karaa cinwaankii ay Racheal Carson u bixisay buuggeedii *Silent Spring* (Gu'gii Aamusnaa).

> When the roses are faded and the garden is withered,
> The song of the nightingale is no longer to be heard
> (Rumi: Masnavi, Book 1, page 5)

---

[44][9] Burjiga Naariya: Xilligani waxa uu inta badan galaa bisha Seermaweydo, inta ay cadceeddu ka gudbayso Burjiga (Maarj 21keeda ilaa 19ka Abriil gu' kasta.

Weliba gabayga Ruumi waxa uu u muuqdaa in uu ka sii xeel dheer yahay ulajeeddada Racheal Carson. Waxa uu leeyahay waxa aynnu maqlaynaa ma aha keliya heesaha macaan ee shimbirta Suubaan Garawadu u jeedinayo ubaxyada, balse mashdhacyada ay cod dheer ubxaantu adiga laftarkaaga kuugu soo celinayaan.

> Offer not your nightingale songs to these roses,
> For they themselves saying to you in loud tones,
> (Rumi: Masnavi, Book 6, page 438)

Deegaanjirenimada innooga dhex muuqan karta suugaanta Ruuxiga ah ee Ruumi, waxa tusaale wanaagsan u ah gabayga uu ku furfurtay diiwaankiisii gabayada ee dheera (*Mathnawi*). Gabayganii waxa uu sitaa magaca '*The Song of the Reed*' (Heestii Fuluutada). Fuluutadu ama sinbaar waa aalad laga sameeyo usha geedka aalaha ama alaalaha, godadna loo sameeyo, ka dib la afuufo si cod uga soo baxo. Mar waxa uu daarran yahay gabaygaasi kaalinta qalabka tumista ee lagu lammaanaysiiyo qasaa'idku ay kaga jiraan jimicsiyada ruuxiga ah.

Mar kalena, Ruumi waxa uu qofeeyay fuluutadii, waxana uu u yeelay dareenno ay ka mid yihiin damqasho, murugo, kala-gayn, dal-tabyo u-hilow, iyo doonis weheshi. Waxa aad markaas is dhihi kartaa, qofka dareenkiisu heerkaas gaadhsiisan yahay in hubanti ahaan loo aqoonsanaan karo dhiblaawe, marka arrimaha deegaanka laga hadlayo – kaas oo aan raad taban (*carbon footprint*) ku yeelan doonin arlada.

Dhinaca kale, gabaygu waxa uu tilmaan ka bixinayaa, oo ay fuluutadu u dhigan tahay, sida uu aadanuhu uga sinbiriirixday ama uga fogaaday saansaankii dembi-la'aaneed (*Fidra*), goor ay noqotana ay lama-huraan tahay in uu qofku qaado socdaalkaas gudeed (ruuxiga ah) si uu u helo raalli-ahaansha Eebbe. Waa kan qayb ka mid ah gabaygaasi:

The Song of the Reed
    Listen to this Ney, while it's complaining,
    The story of separation from God it's explaining.
    "Ever since they (the people) have plucked me from the reedland,
    My laments have driven men and women to deep sorrow.
    I want someone with a chest (heart) pierced by abandonment
    So that I may tell him about the pain of my longing.
    Anyone pulled from a source longs to go back
    In every gathering, among those who are happy or sad,
    I cry with the same lament.
    Each became my friend out of his own surmise,
    none sought to discover the secrets in my heart.
    My secret indeed is not remote from my lament, but eye and ear lack the light to perceive it."

Tasawufka iyo caleenquudashada (*vegetarianism*)

Waayadan dambe, marka fiiro loo yeesho xawliga uu ku socdo tayodhaca deegaanku iyo dhinnaanshaha ku yimid kala-duwanaanshaha noole, waxa bulshooyinka adduunka qaarkood ku dhex xoogaysanaya habdhaqanka cunno ee loo yaqaanno '*vegetarianism*' ama 'caleenquudashado' oo ah in hilibka ama kalluunka laga dheeraado arrimo la xidhiidha caafimaadka, rumayn (diin) iyo/ama akhlaaqeed dartood. Marka arrinkan loo ban dhigo raadaynta hilibcunnimadu ku leedahay tayodhaca deegaan, waxa inta badan la soo qaataa tusaalahan soo socda:

Si loo helo ama loo soo saaro hilaaddii hal kiilo badhkii (500 garaam) oo borotiin xoolaad ah (marka la barbar dhigo hal kiilo badhkii oo borotiinta midhaha ay digirtu ka mid tahay), waxa ay qaadanaysaa 12 jibbaar dhul ah (oo xoolo ku foofaan), 13 jibbaar tamar ah oo ka soo jeedda dhir, iyo 15 jibbaar biyo ah (oo neefka xoolaha ahi cabbo). Taas ulajeeddadeedu waxa ay tahay in caleenquudashadu ay arlada uga dhowraarin badan tahay marka la barbar dhigo hilibcunista.

Haddaba, taariikh-ahaan, dhif ayaa ay ahaan jirtay in Suufiyiintii hore hilib cunaan, haddii kalena kuma ay talax tegi jirin. Sheekadan soo socotaa waxa ay dhex martay Raabica al-Cadawiya oo ahayd suufiyad reer Basra ah oo noolayd qarnigii 8aad (Miilaadi ka dib), iyo Imaan Xasan al-Basri.

Raabica ayaa u baxday dhul buuralay ah. Ka dib waxa ku soo xoomay deerooyin, riyo, iyo dameero duurjoog ah. Cabbaar ka dib ayaa Xasan al-Basri ku soo baxay Raabica, ha yeeshee mar Alle markii ay ugaa<u>dh</u>i aragtay Xasan ayaa ay kala yaaceen. Xasan ayaa ay arrintani yaab gelisay.

"Maxaa ay iiga yaacayaan aniga, adigana si degganaansho leh kuula joogeen? Xasan ayaa weyddiiyay Rabiica.

"Maxaa aad maanta cuntay?" Ayaa ay weyddiisay.

"Hilib yar oo basal lagu shiilay." Ayuu ugu war celiyay.

"Haddaba sow maad cunin baruurtoodii! Sideebaanay markaas kaaga yaacin!"

Tasawufka iyo Nabadda

Adduunkan aynnu maanta joognaa waxa uu u harraadan yahay xasilloonni iyo nabad. Nabaddi waa negaadi, waxana ay dan u tahay dad, noole, deegaan iyo ma-nooleba. Dalalka caalamka badankooda, oo ay ugu horreeyaan dhulalka Muslimiintu, waxa hadheeyay qalalaase siyaasadeed, kacdoonno bulsho, dagaallo iyo dhibaatooyin dhaqaale. Curiyeyaasha dhibaatooyinkaas, marar badan, waxa ay dadyowga Muslimiinta ahi u tiiriyaan saamayn dibedda kaga yimid. Haddaba in kasta oo ay jiraan culaysyadaas dibedda kaga imanaya, waxa aan la yaraysan karin saamaynaha ay leeyihiin dhibaatooyinka gudeed ee ay ka mid yihiin hoggaanxumadu, maamulxumadu, musuqmaasuqa, qabyaaladda, is-faquuqa iyo kalaqoqobnaantu - kuwaas oo kaalin mug leh ku yeesha kacdoonnadaas kala duwan ee isugu biyoshubma qalalaase iyo nabagelyo la'aan.

Dhanka kale, dad badan oo Muslimiin ah iyo bulshoweynta caalamkuba waxa ay si weyn uga yaabban yihiin, ugana naxsan yihiin dilka, xasuuqa iyo dhiigbaxa lagu gelayo magaca Islaamka. Waxa se ay u soo muuqanaysay beryahan dambe in qaar ka mid ah dalalka Islaamku, siiba Sucuudiga oo lafdhabar u ahaa faafinta manhajka Wahaabiga, oo dad badani isla qirsan yihiin in uu yahay isha ugu mudan ee ay ka soo bilaabantay waxa loogu yeedho 'xagjirnimada Islaamku', in ay qaar badan oo ka mid ah culimadoodi iyo hoggaamiyeyaashoodu ku kacayaan isqiimayn iyo dib-u-eegid ay ku sameeyaan tubahaas ay is-lahaayeen wax ku beddela ama dunida ku raadeeya.

Xilliyadan dambe ka hor, culimo u badan kuwii ku howllanaa cusboonaysiinta Islaamku, waxa ay u qabeen in Suufiyadu ay sabab u ahaayeen liidashada iyo hoos-u-dhaca ka jira dunida Muslimka. Ha yeeshee, marka qiimayn lagu sameeyo sida ay wax u socdaan maanta, waxa muuqata mar kale in dunida Islaamka habfikirkooda marayo meel la odhan karo waa laanqayr (*crossroad*). Waxana ay u muuqataa in Islaamkii uu lafdhabarka u ahaa tasawufku uu qaarka dambe la soo kacayo. Sidoo kale, halkii ay culimadoodu aragtiyahooda la gabban jireen, waxa muuqata in ay maalinba ta ka dambaysa soo dhiirranayaan, huluulihii ay ku jireen ka soo baxayaan, dhawaaqyadooduna ay dhegonuglaan ka helaayaan bulshooyin tiro badan.

Maantadan la joogo, in Islaamkii dhexdhexaadka ahaa loo noqdo, iyada oo laga shidaal qaadanayo tasawufka saxa ah, waxa ay tahay mid ay muuqato habboonaanteedu, waxana ay ahaan kartaa mid Islaamka iyo guud-ahaanba aadanaha tub cusub u jeexda – iyada oo laga eegayo qiyamka, soornaanshaha bulsho (caddaaladda ijtimaaciga ah) kala-duwanaanshahooda, wada-noolaanshaha, maaraaynta is-maan-dhaafyada in badan ku gebagebooba qulqulatooyin ay weheliyaan dhiigdaadasho, iyo daryeelka deegaan, oo dhammaantood ah arrimo uu Islaamka inna barayo.

Tasawufka iyo Musuqmaasuqa

Daba-ka-werer, nafjeclaysi, magac raadin, awood raadin, hunguriweynaan iyo iimaan xumo, intuba waxa ay yihiin habdhaqannada qofka ku xambaara in uu musuqmaasuq ku kaco. Hunguriweynaanta waxa lagu micnayn karaa jacaylka xad'dhaafka ah ee hantida, awoodda, iyo magacraadinta, gaar-ahaan marka habdhaqankaasi deedafaynayo xuquuqda cid kale. Si la mid ah, qofku in uu wax walba naftiisa la jeclaysto (*anaaniyad*) iyo u-quudhi-waanimada (*xaasidnimo*) ayaa ka mid ah sifooyinka liita ee nafta. Hunguriweynaantu qofka waxa ay ku xambaartaa in uu awood, dhaqaale, iyo tab kasta oo weecsan ku bixiyo si uu u gaadho rabitaankiisa – xitaa haddii ay ku rogmanayaan dad tiro badan, nooleyaal kala duwan iyo deegaanno/sabooyin hore u dhowrsoonaana ku baaba'yaan.

Sidaas oo ay tahay, rabitaannada qofku ma aha wax xun, se marka ay weheliso u-quudhi-waanimo, xantoobsi, iyo ku-xadgudb xuquuqdii dadka kale, ayaa la odhon karaa hunguriweynaan. Taasi waxa ay tahay, in aynaan ku ekaan wixii inna deeqi lahaa, markaana aynnu bilowno xantoobsi iyo boob. Qofku haddii uu noqdo hunguraani, waxa kale oo uu noqon karaa qof aan daxandaxan/xishoon isla markaana aan jixinjix lahayn. Maxaa yeelay, 'qof ay meeli u muuqato, meeli ka madow.' waxana ay la ulajeeddo tahay hal-ku-dhegga caanka ah ee *"the end justifies the means"* ama "waxa aad gaadh is-leedahay ayaa banneeya ama u meel daya jidka aad u marayso ama aad ku helayo." Waxa kale oo ay Soomaalidu ku maahmaahdaa *"nin ay soori kaa qaadday, waa nin ay seefi kaa qaadday."*

Rabitaanka xad'dhaafku ma doojiyo nafta qofka hunguraaniga ah, se harraad uun buu ka sii qaadaa iyo in uu sii labanlaabo dadaalkii uu ku bixinayay haqabtirka rabitaankiisa. Xadiith Nabawi ah oo uu soo tebiyay Anas bin Maalik ayaa sida u dhigan: "Haddii ina-Aadan (banii-aadanka) ay u sugnaato godan ama webi dahab ahi, waxa uu rabi lahaa in uu isku helo laba. Se wax kale oo aan ahayn xabaasha ciiddeeda, oo afkiisa buuxin kartaa ma jiro."[45]

Si qofku u raalli geliyo rabitaannada nafta ee xad'dhaafka ah, jid kasta oo weecsan in uu ku helo ayuu isku dayaa; kol haddii uu sidaas u fikirayona, waxa ay noqonaysaa in uu wax musuqmaasuqo. Musuqa iyo wax-is-daba-marintu in kasta oo ay tahay habdhaqan aad u xun, waxa ay sii daran tahay marka ay meherad u noqoto cidda awoodda leh, haddii ay tahay madax, maalqabeenno, aqoonyahan iyo culimoba. Suufigii gabayaaga ahaa ee Ruumi oo wax ka tilmaamay habdhaqankan weecan waxa uu yidhi:

---

[45] Ṣaḥīḥ al-Bukhārī 6075, Ṣaḥīḥ Muslim 1048

"If a pair of scales were greedy of riches,
Would they tell truly the weight of anything?"
(Rumi: Mathnavi, Book 2. Page 99)

---o---

"Haddii kefadaha miisaanku ay gasho hunguriweynaani,
Miyaa ay ka run sheegi wixii lagu miisaami lahaa?"

Abwaankii Soomaaliga ahaa ee caanka ahaa ee Xasan Sheekh Muumin ayaa isna si la mid ah u iftiimiyay tusaalahaas oo kale:

"Doc kastoo la eegoo,
Nolosha dunidu waa dabkee,
Haddii dabku dhaxamoodo maxaa lagu diiriyaa?
Waa Su'aal da'weynoo, madaxa daalinaysee…"

Damaca iyo hunguriweynaantu waa ay indha iyo dhego tiraan garaadka qofka. Ha yeeshee ugu dambaynta waxa uu qofku u jabaa saamaynaha tirada badan ee habdhaqankaas.

Haddaba, waxa mar kale isweyddiin mudan, maxaa innaga si ah kol haddii aqoontii Islaamka loo lahaa ay korodhay, culimadi bateen, wacyigelintii diineed ay gaadhay heer aan hore loo arag loona maqlin, in xumaan kala duwan, oo ay ka mid yihiin musuqmaasuq, garsoorxumo, iyo hunguriweynaani, ay innagu sii bataan? Maxaa keena in beryahan dambe culimo heer sare ka gaadhay aqoonta diinta in ay si fudud ugu xuubsiibtaan laacyada ku dhex qarsoon siyaasadda, dhaqaalaha iyo arrimaha kale ee adduun, marka la barbar dhigo kuwo, ama ugu yaraan wadaaddo hore oo u janjeedhay duruqa suufiyiinta?

Weyddiintan dambe, daah-ka-rogiddeeda, waxa kuugu filan tirakoob, is-dul-taag iyo u-kuur-gal aad ku samayso habdhaqannada dad magaca wadaad huwannaa oo xilliyo kala duwan ka dhex muuqday dhaqdhaqaaqyada siyaasadeed iyo kuwa dhaqaale ee carrigeenna. Waxa aan filayaa in aysan dad badan igu diiddanayn haddii aan idhaahdo in wadaaddo aanay aqoontooda diineed mug dheer lahayn, kuna raadaysmay dariiqooyinkaas hore ay ka sinbirixooyin yaraayeen – marka ay tahay dhinaca xalaalmiiradka iyo garsoorkaba.

Tasawufka iyo Jacaylka

Jacaylka ehlu-Tasawufku waxa uu yahay mid ku beegan xagga Eebbe. Jacaylku (*xub/maxabba/cishq*) waxa uu udubdhexaad u yahay Tasawufka. Waana mid dhextaalleeya falliimooyinka suufiyiinta. Tusaale-ahaan, waxa aan isku deyay in aan tirokoob ku sameeyo erayga *'Love'* (jacayl) iyo qaababkiisa qoraal ee kale sida (*beloved, lover, loves*), iyo erayga kale ee *'hate'* (nacayb) ee ku dhex jira diiwaanka gabayada Ruumi ee la yidhaahdo *'Mathnawi'* inta jeer ee ay ku soo noqnoqdeen. Diiwaankaas oo ka kooban 483 bog, waxa iiga soo baxay in erayga JACAYL uu ku soo noqnoqday 377 jeer, halka erayga NACAYB tiradiisu noqday 11 jeer oo kelya! Tasawufka ayaa sidiisaba la yidhaahdaa 'Dariiqii Jacaylka.' Jaadka jacayl ee dadka dhex mara, waxa ay suufiyiintu u yaqaanniin in uu yahay jacayl sarbeeb ah. Sidaas awgeed, quruxda uu jeclaade ka dhex arko cidda uu jecelyahay, waxa ay tahay uun u-yaal ama astaan Jacaylka Rabbaaniga ah.

Markeeda horena, waxa uu jacaylku dadka u yeelan karaa laba ulajeeddo: Mid DHAB ah oo ah Jacaylka Eebe, iyo ulajeeddo sarbeed u dhigan oo ahaanaya ka aadanaha dhex mara. Mararka qaar se, jacaylkaas 'sarbeebta' u yaal ayaa isu rogi kara midh dhab ah. Tusaalaha ugu wacan ee fikirka Suufiyadda ku soo noqnoqda, ee labadan jacayl u dhigani waa kii dhex maray Qays iyo Layla. Qays oo naanaysta 'Majnuun' ku helay jacaylkii uu u qabay Layla daraaddii ayaa duurka ama cidlada meeraysan jiray. Waxana uu wehel ka dhigtay deerooyinka, maxaa wacay, indhahooda ayaa u eegaa kuwii Layla. Maalin maalmaha ka mid ah ayaa ey ugu yimid meeshii uu Qays ku negaa. Ka dibna danayn badan iyo doonis daryeel ayaa uu u muujiyay eygii, halka uu dhinaca dadkii kale deyro ka ahaan jiray, lana fogayn jiray. Iyaga oo la yaabban arrinkaas ayaa ay wax ka weyddiiyeen sidan uu eyga ula dhaqmayo. Waxana uu ugu war celiyay: Idinku ma garanaysaan e, eygani waxa uu ka yimid gurigii Layla.

Ugu dambayn, kolkii ay kulmeen Layla iyo Majnuun, ayaa uu ku odhanayaa iyadii: "Maya! Adigu ma tihid Layla. Iska orod Laylaay, maxaa yeelay waxa aan helay Mawlaheen (Eebbe)." Sidaas ayaana jacaylkii sarbeebta ahaa isugu dooriyay mid dhab ah.

Wax-ka-sheegidda inta badan soo noqnoqota iyo ku halqabsiga jacaylkii Qays iyo Layla, ee suugaanta ehlu-Tasawufka laga dhex heli karo, waxa ay tahay mid ay iyagu saaraan tarjumad iyo ulajeeddo ruuxi ah. Taas oo ah, sida ay inta badan u fikiraan Suufiyiinta, in quruxda uunku (wixii Eebbe uumay) keliya ay tahay noqod ama muraayad laga dheehan karaa quruxda dhammays tiran ee Uumaha, ee qofka suufiga ahi boholyoowga u qabo in uu ka ag dhawaado.

Markan gabayaagii reer Furus, Muhammad Nizami, oo lahaa gabaygii dheeraa (4600 oo sadar) ee uu ka tiriyay jacaylkii Qays iyo Layla, waxa uu hal dhacdo kaga sheekeeyay Qays oo duur-gal noqday, dadkuna u bixiyeen Kii Waalnaa '*Majnuun*'. Qays ayaa ku soo baxaya dabato soo qabsatay deero, waxana uu ka baryay kana codsaday, isla markaana geed dheer iyo mid gaabanba u fuulayaa in uu ka dhaadhiciyo in ay faraha ka qaadaan noolahan quruxda badan ee ka mid ah uunka Eebbe; in ay dilaanna la mid tahay fal lagu masayn karo habdhaqanka habardugaagga! – kaas oo aan ku habboonayn, kana suurtoobin aadane qumman. Ugu dambayn waxa uu ku qancinayaa in ay faraha ka qaadaan, ka dib markii uu ku furtay faraskiisii; isagu se sidaas ku sii daayay deeradii, isaga oo si deggan u dhunkanaya indhaheedii oo aad ugu ekaa kuwii Layla.[46]

Sheekadan dhex martay Haaruun-a-Rashiid iyo Layla (gaba<u>dh</u>ii ay Qays is-jeclaayeen) ayaa innoo yar iftiimin doonta astaamaha Jacaylka ku shaqlan suufiyiinta.

---

[46]Alasdair Watson, <u>From Qays to Majnun: the evolution of a legend from ʿUdhri roots to Sufi allegory</u>

Haaruun a-Rashid[47] ayaa amar bixiyay, "ii keena Layla, bal in aan garwaaqsan karo darta (sababta) uu Majnuun, jacayl uu u qabo awgeed, ay sheekadiisu bari iyo galbeed uga dhacday, jeclaadeyaashuna ay jacaylkooda muraayad uga dhigtaan."

Ciidankii uu diray Haaruun a-Rashiid uma ay fududayn in ay Layla keenaan hortiisa, iyaga oo weliba adeegsaday tabo kala duwan, ugu dambayntiina waxa ay ku guulaysteen in ay hortiisa soo joojiyaan. Qol gaar ah ayaa la siiyay. Si uu Haaruun wejigeeda u halacsado waxa uu shitay laambad. Mar waa uu eegaa, in yar ka dibna waa uu fikiraa. Wax baa isu qaban la'! Waxa uga muuqan waayay wax ay (qurux-ahaan) kaga duwan tahay hablaha kale ee uu Qays ku jeclaaday. Waxana uu naftiisa kula xanshashaqay, "Malaa haddii aan ka hadalsiiyo, waxa ii caddaan lahayd dhifnimadeeda iyo waxyaabaha ay kaga duwan tahay hablaha kale." Inta uu ku jeestay Layla ayuu weyddiiyay: "Layla, ma ku adigiibaa?" Waxa ay tidhi: "Haa, Layla ayaan ahay. Bal se adigu ma tihid Majnuun! Indhaha kasoo jeeda madaxa Majnuun kuma jiraan madaxaaga. Sidee ayaad ugu eegi kartaa Layla indho aad cid kale u arkaysid, oo aan isla markaa aanad ku saxar tirin ama ku maydhan oohintaada? Igu eeg indhaha Majnuun kolkaas ayaa aad quruxdayda garan doontaa e! Kuwa ku eega cidda ay jecelyihiin

---

[47]Haaruun a-Rashiid waxa uu ahaa Khaliifkii 5aad ee dawladdii Cabbaasiyiinta.Waxana uu noolaa qarnigii 9aad ee miilaadiga.

indho jacayl waa tusaalaha lagu bixiyay Qur'aanka "....**Eebbe wuxuu keeni duul uu jecelyahay iyaguna Isaga jecel**"[48]
Layla waxa ay odhaahdan dambe iyo Aayadda ay soo daliishatay uga jeedda in jacaylka dhabta ahi yahay ka Eebbe (SoK).

Gabaygii gabayaagii reer Furus ee Muxammad Nizami ee uu ka tiriyay Qays iyo Layla, waxa uu muuqaalkan kaga bixinayaa Qays oo, sida uu isagu u dhigay gabayga, kor uga oogsaday jacaylkii dhowaa (adduunyo). Waxa uu saansaankii Qays xilligaas ku jiray ku qofeeyay gabay ulajeeddadiisu sidan u dhigan tahay:

"Ruuxdaydii waa ay ka saxar tirantay mugdigii shahwada, doonistaydana waxa ka tirtirmay rabitaankii hooseeyay, maankaygiina waxa uu ka madax bannaanaaday wadhidii (ceebtii). Waxa aan burburiyay oo albaabbada u xidhay sayladdii ay dareennadayda hooseeyaa jidhkayga ku dhex lahaayeen. Jacaylka ayaa ah lubbiga jiraalkayga. Jacaylku waa dabkii, aniguna waxa aan ahay xaabadii ku dhex gubanaysay. Jacayl ayaa soo galay oo qurxiyay aqalkii, dhanka kalena naftaydii (*ammaara bi-suu'*) xamaamadeedii ayaa ay laalaabatay, waanay ka hulleeshay. Waxa aad u malaynaysaa in aad i arkayso, se maba jiro anigu: Waxa keliya ee hadhay waa La-Jeclaadihii.'

--0--

---

[48] Ayadda oo dhammaystiran waa tan hal tebinteedi, "*Kuwa Xaqa rumeeyayow, ruuxii ka riddooba diintiisa oo idinka mid ah, wuxuu Eebbe keeni duul uu jecelyahay iyana jecel, una naxariista Mu'miniinta...* (Maa'dah: 54)

'My soul is purified from the darkness of lust, my longing purged of low desire, my mind freed from shame. I have broken up the bazaar of the senses in my body. Love is the essence of my being. Love is fire and I am wood burned by the flame. Love has moved in and adorned the house, my self has tied its bundle and left. You imagine that you see me, but I no longer exist: what remains is the beloved.'[49]

Waxa ay Suufiyiintu kala soo dhex baxeen aayaddaas in Eebbe iyo aadanaha, ama Uumaha iyo la-uumaha uu ka dhex jiri karo jacayl labageesood ah, halkii ay Eebbe ka qabi lahaayeen cabsi iyo ciqaab. Waa arrin fiican in qofku cabsi ka muujiyo ciqaabta Eebbe (SoK), xume ama xadgudub uu dhiggiisa aadane, ama noole kale oo ka mid ah abuurta Eebbe ku sameeyay awgeed. Ha yeeshee haddii qofka ay ku weyn tahay uun cabsidaas ka dhalan karta ciqaabtaasi, balse si la mid ah aanay ugu weynaanin dembiga uu ka galay darafka saddexaad, iyo siyaabaha uu xadgudbkaasi saamayn taban ugu yeelan karo nolosha ciddaas ama noolahaas kale, waxa ay u dhowdahay in ku-laabashada xadgudubkaas oo kale, mar kale iyo mar saddexaadba, u fududaan doonto. Waxana uu goor kasta isku hallayn doonaa naxariista iyo dembidhaafka Eebbe - in kasta oo toosinta/sixidda raadka xadgudubkaas lagula kacay addoomo kale ay ka horrayso ama shardi u yahay dalbashada dembidhaaf.

---

[49] Alasdair Watson, From Qays to Majnun: the evolution of a legend from 'Udhri roots to Sufi allegory

Waxa aan is-idhi marka aynnu dadka uga digaynno dulmiga ay isku sameeyaan, inta aynnu ku cabsiinaynno ciqaabta Eebbe, haddii in le'eg lagu baraarujin lahaa saamaynta taban ee dhinacyada badan leh ee dulmigaasi ku yeelan karo ciddaas/cidayowgaas ama nooleyaashaas kale, waxa laga yaabi lahaa in dembifaluhu ka waantoobi lahaa falxumadaas. Tusaalaha ugu yar haddii aynnu soo qaadanno, carruurnimadii, kaba soo qaad in aan anigu (runtii sida dhacdayba) mulac u dilay ciyaarciyaar. Ka dibna qof iga weyni igu cabsi geliyo *"Ilaahay baa ku cadaabi"*, halkii uu farriintaas ii raacin lahaa faahfaahin ku saabsan in uu Eebbe yahay cidda jirsiisay noolahan yar si la mid ah sida uu aniga ii jirsiiyay, isla markaana in si qaldan naftaas loo qaadaa ay tahay xadgudub iyo dembi, dhinac kalena la iga tusi lahaa in noolahan aan ciyaayir loo abuurin, lagana yaabo sida aan anigu xubin qoys uga mid ahay, isaguna si la mid ah xubin ka yahay qoys kale, sida la ii tebi lahaana loo tebi doono..... waxa ay ii noqon lahayd cashar dhaxalgal ah oo dulmiga aan ka galo cid kale, uu ka yaraan lahaa inta iga dhacday ilaa haatadan.

Dooddan waxa iiga dhex muuqan kara, sababta innaga oo rumaynnay Eebbe, oo maalin iyo habeen is-wacdiyaynna oo haddana cibaadaysanaynna, in aynnu haddana dulmi iskula kacno.

Daaweynta jirradan waxa aan ka dhex helay ducadii Suufiyaddii Raabica al-Cadawiyah oo sidan u dhignayd: "Eebboow, haddii aan kuu caabudayo cabsi aan naartaada ka qabay awgeed, igu gub naartaada Jahannama, haddii aan kuu caabudayo doonista Jannadaada, iga xarrin, haddii se aan kuu caabudayay JACAYLKAAGA awgii, Eebboow ha iga xarrimin Quruxdaada daa'inka ah."

Haa! Furuhu waa Jacaylka Eebbe (SoK), jacaylkaas oo u sii gudbi kara nooleyaasha kale – dad, xayawaan, dhir iwm. Wixii dhibayana aad ka dhowrto....

Haddii hoos loogu dhabba galo habfikirka ay Suufiyiintu ka haystaan kawnka, waxa kuu muuqanaya in ay ku eegaan indho ka duwan kuwa dadka caadiga ahi ku arkaan. Waxa kaaga bidhaamaya in Jacaylku yahay xoolonabadda[50] ama xanjada isku haysa abuurta Eebbe - noole iyo ma-nooleba, noloshuna aanay la'aantii wax qaayo ah yeelanayn. Qodobkan Mawlaana Ruumi ayaa si farshaxannimo leh gabaygan ugu soo ban dhigay. Waxa uu sheegayaa in ay Xigmadda Eebbe iyo Ogaalnimadiisu tahay in uu jideeyay in aynnu ahaanno qaar midkeenba (haddii ay yihiin noole iyo ma-nooleba) midka kale jeclaado. Sidaas daraaddeedna wax kasta oo arlada ka jira loo habeeyay lammaaneyaal mid kastaaba ka kale jecelyahay. Tusaalena waxa uu u soo qaatay dhagaxa Afcarabiga lagu yidhaahdo Kahramaanka (Afingiriisi: *amber*) oo asal-ahaan ka soo jeeda geed dhagaxoobay (da'weyni awgeed) in uu soo jiidan karo caleenta balka (sida maseggo ama gallay), ka dib

---

[50]Xoolonabad = Neefka marka la qalo, xay<u>dh</u>a caloosha qayb ka mid ah ayaa ay dumarku kaydsan jireen si ay weelka biyaha kaga ilaaliyaan habitaanka, iyaga oo meesha habaysa ku dhejin jiray.

marka lagu xaquuqo maro suuf ah. Si la mid ah, waxa uu sheegayaa Ruumi in Samadu arlada ku tidhaahdo: "Mood! Mood![51] Waxa aynnu isu nahay sida birta iyo birlabta." Dabci-ahaan, samaawaadku waa lab, dhulkuna waa dheddig. Wax kasta oo ay samadu soo dejiso, arladuna waa ay ku faraxdaa. Marka arladu dhaxamaysan tahay, samadu waxa ay soo dirtaa diirranaan (cadceedda); marka ay la'dahay qoyaan iyo dhedo, samada ayaa ka fal celisa oo u soo dirta. Burjiyada kala duwan iyo saamayntooda ayaa ay kuwa dhulka joogaa beegsadaan oo ciirsadaan, Burjiga Biyoolena[52] (*Aquarius*) laga naawilo qoyaanka, dabayluhuna ay soo diraan daruuraha, suyucii jirayna ku dooriyaan kuna wanaajiyaan neecaw. Marka burjiga cartanka badan ee Libaaxuna (*Leo*) uu kulaylkii cadceedda soo hoggaamiyo, arladana hanfi ka kaco sidii dheri laba dhinac dab laga geliyay. **Sida ay samadu xilliyo badan u howshaysnayd, ayaa si la mid ah ninku u xoogsadaa si uu u quudiyo haweenaydiisa. Samaduna kol haddii ay sifadii ninka leedahay oo ay xoogsigaas oo kale ku jirtay, ayaa ay arladuna ku fooggan tahay shaqadii dumarka, oo ay ku jirto dhasha ubadka iyo naasnuujintooduba.** Waxa uu intaas raaciyay Ruumi in arlada

---

[51]Mood.. Mood: Waa eray salaam ah oo marka sidan oo kale loogu celceliyo ay Soomaalidu ku soo dhaweyn jireen madaxdhaqameedkooda.
[52]Burjiga Biyoole (Aquarius) waxa astaan looga dhigaa gabadh biyo dhaaminaysa.Sidaas awgeed ayaa looga naawilaa roob. Dhulka xeebaha ah ee Waqooyiga, roobab ayaa laga saadaaliyaa.Xilligi uu dhacaana waa 19 Feebaweri ilaa 18 Maarj.

iyo samaawaadku ka dhigan yihiin qaar 'garaad' leh sida dadka, oo haddii labadaas isjeclaade aanay midba ka kale ku habin nafaqadiisa, maxay si isweheshi ku jiro ugu wada socdaan oo isugu meerayaan, sidii nin iyo xaaskii? Se haddii aanay arladu jirin (dheddig aanu jirin), sideebay ubaxyo (ubad) u bixin lahayd? Illeyn diirranaan iyo roob cirka ka yimaadda keligood waxba kuma baxaan (haddii aanay jirin arladu). Waana taas darta (sababta) ay dheddiggu u raadisato lab (labkuna dheddig), si ay dantooda isugu fushadaan. Eebbe ayaa is-weydaarsi jacayl ku dhex beeray ninka iyo naagta, si adduunku u ahaado mid uu sii jirsiiyo, siina joogteeyo isku-mid-ahaanshahoodu.

> God's wisdom in His eternal foreknowledge and decree
> Made us to be lovers one of the other.
> Nay more, all the parts of the world by this decree
> Are arranged in pairs, and each loves its mate.
> Every part of the world desires its mate,
> Just as amber attracts blades of straw.
> Heaven says to earth: "All hail to thee!
> We are related to one another like iron and magnet."
> Heaven is man and earth is women in character;
> Whatever heaven sends it, earth cherishes.
> When earth lacks heat, heaven sends heat;
> When it lack moisture and due, heaven sends them.
> The earthy sign[53] succors terrestrial earth,
> The watery (Aquarius) sign sends moisture to it;

---

[53] i.e. the Zodiac = Burjiyada

The windy sign sends the clouds to it,
To draw off unwholesome exhalations.
The fiery (Leo) sign sends forth the heat of the sun,
Like a dish heated red-hot in front and behind.
The heaven is busily toiling through the ages,
Just as man labour to provide food for women.
And the earth does the women's work, and toils
In bearing offspring and suckling them.
Know then the earth and heaven are endued with sense,
Since they act like persons endued with sense.
If these two lovers did not suck nutrients from each other,
Why should they creep together like a man and wife?
Without the earth how could roses and saffron grow?
For naught can grow from the sole heat and rain of heaven.
The is the cause of female seeking the male,
That the work of each may be accomplished.
God has instilled mutual love into man and woman,
That the world may be perpetuated by their union.

Markii aan akhriyay, dhuuxayna gabaygan sare, waxa aan la yaabay sida la isugu soo sooci karo falsafadda Ruumi ee la xidhii<u>dh</u>a jacaylka iyo midhaha hees uu tiryay halabuur Soomaaliyeed. Waana heesta "Jaalaleey" ee ay wada qaadaan Saynab Cige iyo Salaad Derbi.

Heestu waxa ay ku bilaabmaysaa xusidda Qays oo jacaylkii uu Layla u qabay loogu bixiyay kii waalnaa (*Majnuun*). Jacaylka Qays iyo Layla waa mid halqabsigiisu ku badan yahay suugaanta Suufiyiinta. Sida ay inta badan ay wax u eegaan Suufiyiintu, quruxda uunku (wixii Eebbe uumay) waxa laga dheehan karaa quruxda dhammayska tiran ee Uumaha, ee suufigu hilowga ugu qabo. Sidaas daraaddeedna ay jacaylkan dhow ee dadka ka dhexayn kara ay saaraan sharrax ruuxi ah.

Mar kale, gabaygaagii iyo suufigii reer Beershiya, Shams-ud-Diin Muxammad Xaafiz (1320 miilaadi) ayaa si xeeldheeri ku jirto u dhigay jacaylkaas baaxadda weyn leh, heer uu gaadhsiiyay in arladu dhiman doonto haddii ay cadceeddu dhunkashadeeda ka joojiso.

"The Earth would die
If the sun stopped kissing her."

Halkan, dhunkashada cadceedda waxa aynnu u fasiran karnaa tamarta, iftiinka iyo diiranaanshaha arladeena uga imanaaya Cadceedda – kuwaas oo ka yeelsiiya arladu in ay ahaato mid ay noloshi ka suurto geli karto. Ha yeeshee si ruuxi ah haddii aynnu u fasiranno, waxa ay u dhiganaan kartaa Maxabbada, naxariista iyo dembidhaafka Eebbe (SoK) oo aynnu had iyo jeer indhaheenna iyo gacmaheenna kor cirka ugu taagno! Dhinaca kalena, roobkii, barakadii iyo hanuunka, intaba xagga samada laga naawilo.

Isu'ekaanshaha gabayga Ruumi ee sare iyo midhaha heesta "Jaalaleey' waxa kale oo aynnu ka soo qaadan karnaa tibaaxidda ah 'in adduunku jacayl ku dhisanyahay, camiraaddeeda aadanuhuna tahay waxa ay wax ku tahay.' Tusaale-ahaan, meeriska ugu dambeeya ee gabayga Ruumi waxa uu tilaamayaa in 'Eebbe ku beeray laabaha ragga iyo dumarka jacayl is-weydaarsi ah, si adduunkaas cammirani u sii joogtaysmo.' Bal aynnu isla eegno meerisyo ka mid ah heestaan, kuna dhererinno gabayga Ruumi ee aynnu kor ku soo xusnay:

> Ninkii jiidh naxaayaa,
> Kalgacayl jid mariyee,
> Jawaabtii cilmiyo Qays,
> Muxuu jaahil ka ogyahay,
> Haddii aan jacayl jirin,
> Ifka johorad nuurtiyo,
> Wanaag laguma joogeen.
>
> Cirku wuxuu jeclaadaa,
> Okod inuu jibaadaa,
> Dhulku wuxuu jeclaadaa,
> In xareeddu jiiftaa,
> Dhirtu waxay jeclaataa,
> Inuu ubax ku jaran yahay,
> Anna waxaan jeclaadaa,
> Inaan kula jalbeebee.
>
> Dhego waxay jeclaadaan,
> Janno loogu baaqaa,
> Indho waxay jeclaadaan,
> Inay qurux u jeedaan,
> Hadal waxaad jeclaataa,
> Inuu xubin ku joogaa,
> Anna waxaan jeclaadaa,
> Inaan kula jalbeebaa.

(dhammaad..)

Tix kale oo ku jirta diiwaanka *Mathnawi* ee Ruumi ayaa jacaylka sidan u sifaynaysa:

    Hail to thee, O LOVE, sweet madness!
    Thou who healst all our infirmities!
    Who art the physician of our pride and self-conceit!
    Who art our Plato and Galen,
    Love exhalts our earthly bodies to heaven,
    And makes the very hills dance with joy!

              --o--

    Soo dhawoow, JACAYLOOW, waxa aad tahay waalli macaan!
    Adiga ayaa bogsiiya dhammaan liidashooyinka jidheed iyo maskaxeed!
    Waxaad tahay daaweeyaha islaweynidayada!
    Waxaad tahay Aflaadoonkayagii iyo Galenkayagii![54]
    Jacaylku waxa uu cirka sare ugu qaadaa nafaheenna dhulyaalka ah,

---

[54] Plato (Aflaadoon) waxa uu ahaa faylasuuf reer Giriig ah oo noolaa qarnigii 5aad, ka hor taariikhda dhalashadii Ciise (NKHA). Galen waxa uu ahaa dhakhtar iyo faylasuuf reer Ruum ah, oo noolaa qarnigii 2aad ka dib miilaadiga. Raadaynta ay falasafadda Giriiggu ku leedahay culuunta islaamka waxa waddada u xaadhay Dawladdii Cabbaasiyiinta ee ka hana qaadday Baqdaad (750 dhalashadii Ciise ka dib). Waxana ay Baqdaad dhaxashay Atiina iyo Aleksanderia, noqotayna xaruntii aqoonta. Laba qarni ka dib, Qordoba ayaa iyana la beretamaysay Baqdaad. Waa xilligaas goortii ay culimada Islaamka aad u soo minguuriyeen aqoontaas hore, ka dibna sii kobciyeen. Ugu dambaynna, aqoontaasi waxa ay dib ugu laabatay Yurub.

Waxana uu buuraha culculus ka yeelsiiyaa in raynrayn awgeed la ciyaaraan!

Tasawufka iyo qasiidooyinka ay tumistu weheliso

Heesidda iyo muusikada wehelisa in ay shareeco ahaan bannaan yihiin iyo in kale halkan kagama bogan karno dooddeeda. Culimadii hore iyo kuwa dambena waxa ay ka qabaan aragtiyo, iyo jaranjarooyin kala duwan oo ku saabsan oggolaanshooda iyo diidmadooda. Qaar waa ay diiddan yihiin hees iyo muusig dhammaantii, qaar waxa ay oggol yihiin codka oo keliya, qaar kale waxay banneeyeen codka iyo in lagu lammaaneeyo daf, qaar kale durbaanka iyo wixii la hal maala. Qaar kale waxa ay fogeeyeen aaladaha muusig ee xadhkaha leh. Sidoo kale, heesaha iyo muusigga qofka ama dadka u hoggaamiya falliimooyin xaaraan ah, ma noqonayaan xalaal. Ha yeeshee, taariikhda Islaamka marka dib loo raaco, waxa muuqata in fatwooyinka ku saabasan oggolaanshaha muusigga ama diidmadoodu aysan ahayn qaar meel sal dhigay. Bal se marar badan waxa raadayn ku lahaa xilliga, meesha, iyo saansaanka hoggaamineed ee ka jiray gobol gobollada Islaamka ka mid ah.

Qofka Suufiga ah, muusiggu uma aha maaweelo iyo kicinta dareennada shahwaaniga ah, bal se waxa u yahay agab ruuxaaniyadda lagu badhitaaro. Midhaha qasiidooyinka Suufiyada waxa ay mararka qaar qofka geliyaan jibbo iyo kor-uqaadis ruuxaaniyadeed oo uu ku beegsan karo tiigsashada Weynaha, mararka qaarkoodna gelin karta ruuxdiisa saansaan riyaaq aan soohdin lahayn.

Inta badan, qalabka ay suufiyaashu adeegsadaan meelo kala duwan oo dunida Muslimiinta waxa ka mid ah fuluut (sinbaar), durbaanka, dafka, kamankanka, bilaydhada la isku garaaco (*cymbals*), iyo qaar kale. Duruqa Suufiyada ee carriga Soomaalida, waxa dhexdooda caan ka ah adeegsiga durbaanka iyo sacabka oo lagu xoojiyo shallaadka ama qasiidooyinka.

Mudnaanta kaalinta uu muusiggu kaga jiro Suufiyada waxa tilmaan u noqon kara tixda uu Ruumi ku bilaabay gabaygiisii dheeraa ee Mathnaawi oo ka hadlaysa fuluutka (sinbaar).

Faahfaahinta qotada dheer ee uu Imaam Qazaali ka bixiyay muusigga ayaa ah mid ay ku hal qabsadaan ehlu-tasawufka badankoodu. Waxana uu ku doodayaa in muusiggu wixii qofka laabtiisa ku jiray uun xoojiyo kana qayb qaato korintiisa, aanu se dibedda wax uga keenin. Sidaas daraaddeedna, haddii uu qof qalbigiisa ku haysto jacaylka Eebbe, oo ah mid dadka la faray, waa bannaan tahay, oo maya e weliba dhiirrigelin mudan tahay in uu ka qayb qaato jimicsiyada sii xoojinaya jacayalkaas. Dhinaca kalena haddii ay xumaani ku jirto, waxa dhici kara in uu sii xoojinayo, taasina keensanayso xaaraannimadiisa.

Waa tan dooddiisii ku saabsanayd arrinkan oo uu ku soo saaray kitaabkiisii *"Kiimiyaa as-Sacaada"*, oo asal-ahaan ku qornaa Af Faarisi, loona tarjumay afaf badan:

"Qalbiga aadanahu waa mid uu qaabeeyay Eebbe (SoK), kaas oo, sida dhagaxa jaadkiisu yahay 'Shiilmadow' uu dab ku dhex duugan yahay. Dabkaas waxa ooga ama kiciya muusigga iyo mashdhacyo isu-dheellitaran, kaas oo qofka ka yeelsiiya beerraqsanaan (saansaan raynrayneed oo aad u sarreeya). Mashdhacyada isu-dheelli tiran waxa ay yihiin dhawaaqnoqosho (echo) kaaga yimaadda caalamka qurxoon ee SARE ee aynnu ugu yeedho caalamka ruuxaaniyaadka; waxana ay xasuusiyaan aadanaha xidhiidhka uu la leeyahay caalamkaas, waxana ay ku dhex abuuraan dareen aad u baac dheer oo yaab badan, oo uusan laftarkiisu lahayn awood uu ku sharxi karo. Muusiggu iyo dammaashaadka[55] ruuxiga ah raadayntoodu waa mid baac dheer kol haddii saansaanka cidda ay beegsanayaan fudud yihiin, caadifadna u ban dhigan yihiin. Waxa ay huriyaan, oo belbeliyaan jacayl kasta oo wadnaha dhex hurday – haddii uu yahay mid adduunyo, mid galmo, mid Ilaahi ah (Uluuhi) iyo mid ruuxi ah.

Kolkaas, waxa aynnu nafaheenna ku qancinaynaa in muusigga iyo dheeliddu aysan wadnaha dhex dhigin wax aan

---

[55] Erayga 'ciyaar' waan ka warwareegay, marka uu arrinku taagan yahay dhaqdhaqaaq jidheed oo ruuxaaniyad huwan.

hore ugu jirin, se keliya ay hurinayaan dabka dareenno hurday. Sidaas daraaddeed, haddii uu qof qalbigiisa ku haysto jacaylka Eebbe, oo ah mid dadka la faray, waa bannaan tahay, oo maya e weliba dhiirrigelin mudan tahay in uu ka qayb qaato jimicsiyada sii xoojinaya jacayalkaas. Dhinaca kalena, haddii qofka qalbigiisu uu ka buuxo rabitaanno galmo iyo wixii xoojinayay, muusigga iyo dheeliddu waa ay sii kordhinayaan, sidaas awgeedna waxa ay ku noqonayaan lamataabtaan (xaaraan).

Dhanka kale, haddii uu qofku u dhegaysanayo muusigga, keliya in uu ku madadaasho, maxaa yeelay, in ay ahaadaan wax dhegta iyo laabtu ku raaxaysanaysaan kama dhigayaan lamataabtaan, in ka badan ku-raaxaysiga dhegaysiga codadka shimbiraha, ama dheehashada dudurrada ugbaadka leh ee jabaqda biyaha dhacaya."

Suugaan iyo Sheekooyin Ruuxi ah

Qaybtan waxa aan ku soo ban dhigi doonaa suugaan iyo sheekooyin ruuxi ah oo aan si xulasho leh ugala soo dhex baxay meelo kala duwan, waxana ay koobsanayaan dhinacyo badan oo ay ka mid yihiin cadaaladda iyo daacadnimada, geerida iyo Alle-ka-cabsiga, dembidhaafka iyo badbaadada dhabta ah, hunguriweynaanta, islaweynida, nafjeclaysiga (anaaniyadda), kufricaloolada (nifaaqa), xalaalmiirashada iyo saamaynta xumefalidda, taageeridda iyo udhibirsanaanta dadka saboolka ah, isdhul-dhigga, u dheganuglaanta iyo u samafalka waalidka, imtixaannada adduunyo, dhiirrigelinta iyo niyadjebinta, qiimela'aanta adduunyo iyo qaayoweynaanta Aakhiro, la dagaallanka Shaydaanka, sabirka, booqashada dadka buka, nafhurka, iyo qarxinta awoodaha shaqsi.

Shimbir Ayaa Guuguule Wax Ka Weyddiisay Caddaaladda iyo Daacadnimada
Tuducyadan waxa aan ka soo qaatay diiwaanka gabayada ee Fariid-ud-Diin Caddaar, Suufigii iyo gabayaagii Faarisiga ahaa ee noolaa qarnigii 12aad (miilaadi). Diinwaanka Caddaar waxa uu ka kooban yahay 4500 sadar, waxana uu ku saabsan yahay "shirweyne" ay qabsadeen shimbiraha adduunku, halkaas oo ay ku doorteen hoggaamiye u kaxeeya, kuna hanuuniya Boqorkoodii Simorgh. Ugu dambayntii waxa gaadhaya yoolkaas 30 shimbirood oo keliya. Hoggaamiye waxa ay u doorteen guuguule/hud'hud –

kaas oo u dhigan sheekh Suufi ah oo ardaydiisii u kaxaynaya hanuun. Socdaal dhib badan ayuu ahaa oo toddoba geeddisocod loo marayo, oo mid waliba u dhigan yahay cabsi ama gabboodfal kaga gudban jidmareyaashu in ay gaadhaan yoolkooda. Bilowga socdaalka, waxa dhammaantood ka muuqata raynrayn iyo ka go'naansho. Se marba marka ka dambeeya ee dhibta iyo halista jidka la marayaa ay sii badato, waxa ay shimbirihi mid mid ula imanayaan cudurdaar ay kaga hadhaan socdaalka, isla markaana ku door bidaan ku negaanshaha saansaankii ay ku jireen. Guuguuluhuna, sida lagu yiqiin hoggaamiye wanaagsan, waxa uu la garab taagan yahay dhiirrigelin, tusaalayn, iyo in ay ka dheelmadaan dhalanteedka dunidan ay ku negi yihiin. Markii ay gaadheen dhammaadka socdaalkoodii, keliyana ay soo hadheen 30 shimbirood, ayaa ay is-ogaadeen in ay iyagu (laftarkoodu) yihiin Boqorkii (*Simorgh*) ay raadinayeen, iyo hanuunka ay baadigoobayeen uu ahaaba mid iyaga gudahooda (nafahooda) laga dhex heli karo! Sidoo kale, show magaca *Simorgh* wax kaleba ma aha e waa 30 shimbirood (*si* = Soddon; *morgh* = shimbirood).

Haddaba, halkan waxa aynnu ku soo qaadanaynaa mid ka mid ah weyddiimihii tirada badnaa ee ay shimbiruhu weyddiiyeen Guuguulaha:

> Shimbir kale ayaa tidhi: "Ii sheeg, Weynaha agtiisa maxaa uu ka yahay Hor-Alle-u-jeednimo iyo xaqsoor? Eebbe ayaa (aniga) igu mannaystay daacadnimo aan soohdin lahayn; marnaba ma aanan noqon mid ku xad gudba cid kale; maxay

se tahay, Eebbe hortiis, kuwa astaamahaas ku sheeggan meeljoogsigoodu (miiqaamkoodu)?"
Hud'hudkii ayaa ku war celinaya sidan:
"In Eebbe aadanaha ka xoreeyo cidhibxumada uu dembigu xambaarsan yahay waxa ay ku dhisan tahay Caddaaladdiisa; xaqsoorkiisaas baana aadanaha hoosaynta iyo awaaraha kor uga hinjiya. In aad noolaato iyada oo caddaaladi laabtaada ku negi tahay (isla markaana ay dhex degtay), waxa ay ka kheyr badan tahay cimrigaaga oo aad ku dhammaysato tukasho iyo acmaal Alle-ka-cabsi. Maxaa yeelay, maxay taraysaa in aad muujiso Alle-ka-cabsi, haddana aad caddaalad ka madhan tahay. Sidoo kalena, sheegsheegid (ama ka-sheekayn) badan oo aad ka sheekayso gacanfurnaan ama deeqsinimo, uma dhiganto falaad keliya oo wanaagsan oo aad wax ku dhiibanayso (sadaqaysanayso) isla siraysato.
Qofka cadaaliga ahi uma doodo keliya xuquuqdiisa, se waxa uu yahay ku dadka kalena isu taagaa gargaarkooda una dagallamaa xuquuqdiisa."

A bird questions the hoopee about justice and loyalty
    Another bird said: 'What are loyalty
    And justice, put beside such majesty?
    God gave me boundless loyalty and I've
    Not been unjust to any man alive –
    What is the ghostly rank of those who own
    Such qualities, before our sovereign's throne?'

The hoopoe said: 'Salvation's Lord is just,
And justice raises man above the dust;
To live with justice in your heart exceeds
A lifetime's earnest prayer and pious deeds;
And tales of pious generosity
Are less than one just act done secretly
The just man does not argue for his rights;
It is for others that he stands and fights.

Geerida iyo Alle-ka-cabsiga
Shimbirtii Cabsida ka Qabtay Geerida

Shimbir kale ayaa hadashay: "JIDKU waa dheer yahay, aniguna ma ihi geesiyad mana xooggani. Waxa aan ka cabsi qabaa geeri; waxa aan ogahay, ka hor inta aanan ka gudbin geeddisocodka koowaad, in aan dhiman doono; dareenkaas isaga ah ayaaba jidhkayga yari la sii dubaaxinayaa; se marka ay geeridu ay kabaabiga ii soo saarto (ii soo dhowaato), waxa aan ogahay in aan baroor la taahi doono, cabsiduna jidhkayga soo ururin doonto.

Maxaa yeelay, ku kasta oo isku daya in uu dhimashada kala hor tago billaawihiisu, waxa uu dhab-ahaan la kulmi doonaa guuldarro aan sina looga baxsan doonin; billaawihiisa iyo gacantiisii uu ku hayayba waxa ay ahaan doonaan daguugaha (burburi doonaan). Aheey ah! Maxaa ay murugo hantiyeen cidda billaawe iyo xoogxoog wax isku moodda!

Hud'hudkii ayaa u hal celiyay shimbirtii oo yidhi sidan: "Maxaa ka liita cabashadaada! Intee in le'eg ayaa jidhkaagan ka kooban hilbaha iyo lafaha ee weliba sii idlaanayaa u sii jiri karaa? Maxaad se tahay aan ahayn dhowr lafood? - marka hoos loogu daadegona laf kastaaba tahay mid xarshasho ah oo u dhow in ay idlaato. Miyaanad ka war hayn nolosha, dhalasho ilaa dhimasho, in aanay ka badnayn keliya hal neefsasho oo aan hubanti lahayn? Iyo weliba cid kasta oo dhalashadiisa dhib lagu fooshaa ay dhadhamin doonto dhimasho, ahaanshiiyahooda iyo nafahoodana lagu filqi cir dabaylaysan? Laga soo bilaabo dhalashadaadii, sida laguu koriyay in aad uu noolaato, waxa sidoo kale laguu dhigay in aad maalin uun ka tegi arlada.

Cirku waa sidii hadhuub weyn oo la foororiyay, oo casuusta cadceedda liiqa sii dhigaysaa arlada, gees ka gees, ka dhigan tahay sidii ay cadceeddu dhiig ka buuxinayso. Cadceeddaas oo la moodo sidii qudhgooye, marka keliyaba billaawihiisa qoorta kaga goynaya kumannaan qof. Midkii aad doonto ahoow: Haddii aad tahay loofar, iyo haddii aad tahayba suubbane, waxa aad tahay uun biyo yar oo ku dhex qasan boodh, wax kale se aan ahayn - dhibic dubaaxinaysa oo aan sal lahayn; dhibic keliyina ma iska caabbin kartaa badweyn kacsan!

Haddii aad arlada islaweyni ku boqran tahay, waa lama-huraan in aad murugo iyo niyadjab ugu noqon doontid boodhka iyo awaaraha.

A bird who fears death
    Another bird spoke up: 'The Way is long,
    And I am neither valiant nor strong.
    I'm terrified of death; I know that I –

Before the first stage is complete – must die;
I tremble at the thought; when death draws near,
I know I'll shriek and groan in snivelling fear.
Whoever fights death with his sword will meet
Inevitable, absolute defeat;
His sword and hand lie smashed. Alas! What grief
They grasp who grasp the sword as their belief!'
The hoopoe answers him
The hoopoe said: 'How feebly your complain!
How long will this worn bag of bones remain?
What are you but a few bones? – and at heart
Each bone is soft and hastens to depart.
Aren't you aware that life, from birth to death,
Is little more than one precarious breath?
That all who suffer birth must also die,
Their being scattered to the windy sky?
As you are reared to live, so from your birth
You're also reared to one day leave this earth.
The sky is like some huge, inverted bowl
Which sunset fills with blood from pole to pole –
The sun seems then an executioner,
Beheading thousands with his scimitar.
If you are profligate, if you are pure,
You are but water mixed with dust, no more –
A drop of trembling instability,
And can a drop resist the surging sea?
Though in the world you are a king, you must
In sorrow and despair return to dust.

Addoonkii Alle-ka-cabsiga Badnaa

Nin madow ah ayaa lahaa addoon Alle-ka-cabsi badan, xirribina (xigmad) u weheliso – kaasoo oogga waaberi kici jiray, salaaddana oogi jiray, ka dibna sii wadan jiray tukashadiisa jeeroo fallaadhaha hore ee cadceeddu kuuriga/kaabiga u soo saaraan, iftiinkeedina soo gaadho.

Ninkii waxa uu ku yidhi Addoonkiisii:

"Anigana goor hore i toosi, si aynnu u wada tukanno, sidaasna ku sugnaanno jeeroo laga gaadhayo inta ay cadceeddu ka soo baxayso."

Addoonkii ayaa ugu hal celiyay:

"Wax yar uun ka hor, inta uusan ilmuhu dhalan, yaa hooyada u sheega in fooshi qabatay?! Haaheey, iyada ayaa ogaata in xilligeedi taagan yahay; si la mid ah, haddii aad (adigu) dareemaysid qabashadaas xanuunku weheliyo, adiguna iskaa ayaad ugu kici kartaa tukashada. Cid kale oo qabashadaas fooleed kuu dareemi kartaa ma jiraan. Haddaba haddii qof kale maalin kasta salaadda kuu toosiyo, markaa qof kale oo aan adiga ahayn ha kuu tukado (taasina waa mid aan dhacaynin!) Qofka aan dareemin qabashadaas (u dhigan foosha ookale) maba aha qof jira!"

Eebbow murugo iyo ciilkaambi ku rog aqoon-is-bidaha, waxna kuma qabsadaha, weliba faanka badani u weheliyo. Sidaas oo ay tahay, qofka ku dabma/dagma, kuna kedsooma dhaldhalaalkeeda, waxa uu illoobaa ku werweridda Janno iyo ka werweridda Cadaab!

The devout slave
A negro had a slave devout and wise
Who at an early hour would wake and rise,
Then pray until the sun came peeping through.
His master said: 'Wake me up early too,
And we can pray together till the dawn.'
The slave said: 'Just before a baby's born,
Who tells the mother "Now your time draws near"?
She knows it does -- her pain has made it clear;
If you have felt this pain you are awake --
No other man can feel it for your sake.
If someone has to rouse you every day,
Then someone else instead of you should pray.'
The man without this pain is not a man;
May grief destroy the bragging charlatan!
But one who is entangled in its spell
Forgets all thoughts of heaven or of hell.

Xabaaloqode
Nin ayaa ay noloshiisu ku tiirsanayd qodidda xabaalaha, sidaasna ku duqoobay. Qof deriskiisa ah ayaa ku yidhi: "Gu'yaal badan ayaa aad soo noolayd, oo aad xabaalo uun qodaysay. Haddaba ma noo sheegi kartaa mid ka mid ah waxyaabaha ugu la-yaabka badan ee aad weligaa uga soo joogtay."
Markaas buu ugu eray celiyay: "Dhan kastaba markii aan eegay, arrinkii ugu yaabka badan ayaa ah in aanay ku waantoobin tan naf ahi, ammintaas dheer ee aan xabaalaha uun qodayay, oo aanay

anigana iska key deynayn (i dhaafaynin), wax ku qaadanayn, toosnaanna laga waayay!"
Magan Alle!

A gravedigger
    A man who lived by digging graves survived
    To ripe old age. A neighbour said: "You've thrived
    For years, digging away in one routine –
    Tell us the strangest thing you've ever seen."
    He said: "All things considered, what's most strange
    Is that for seventy years without a change
    That dog, my Self, has seen me digging graves,
    Yet neither dies, nor alters, nor behaves!"

Dembidhaafka iyo Badbaadada

Dembiilihii irridaha Jannada loo furay
Qof denbaabkiisu badnaa ayaa geeriyooday, ka dib iyada oo xabaalihii loo sii wado, ayaa nin aanay ka tegi jirin salaad iyo soon midna, isaga oo qab weyni weliba ku jirto ayuu ku dhawaaqay sidan: **Sidee ayaa aan ugu tukadaa qof aanan camal wanaagsanba ku aqoonin!**
Ka dib, riyadiisii habeennimo ayaa uu ku arkay ninkii dhintay oo wejigiisii uu ka ifayo nuur samaawi ihi.
"Sidee ayaa aad Jannada irridaheedii uga gashay?" Ayaa uu weyddiiyay.

Markaasbuu helay war celintan: "Eebbe ayaa arkay islaweynidaada, markaasbuu u narxariistay addoonkiisan faqiirka ah!"

A sinner enters heaven
  A sinner died, and, as his coffin passed,
  A man who practised every prayer and fast
  Turned ostentatiously aise – how could
  He pray for one of whom he knew no good?
  He saw the sinner in his dreams that night,
  His face transfigured with celestial light.
  "How did you enter heaven's gates," he said,
  "A sinner stained with filth from foot to head?"
  "God saw your merciless, disdainful pride,
  And pitied my poor soul." The man replied.

Igu lug dara
Marka kale iyo qodob ku jira diiwaankii gabayada ee Fariid-ud-Diin Caddaar.
Waa Guuguulihii aynnu kor ku soo sheegnay, ee hoggaamiyaha ay u doorteen shimbiraha adduunku, si uu ugu hoggaamiyo, uguna hanuuniyo Boqorkoodii *Simorgh*. Si ay shimbiruhu u gaadhaan yoolkooda, waa in ay ka gudbaan jid dhibaato badan oo ay nafahoodu ku solmayaan, kana xoorayaan jacaylka adduun. Kol kastana hoggaamiyahoodu dhinacyo badan ayuu wax uga tusaalaynayay, tilmaamahaas oo isugu jiray boorrin,

dhiirrigelin, iyo in waxa ay helayaan ka weyn tahay dhibta ay u sii marayaan. Si la mid ah xilgudashada wanaagsan ee hoggaamiye iyo kaalinta kaga beegan cidda uu guusha ugu hoggaaminayo, ayaa uu Guuguulihi ku tiraabayaa gabaygan:

Join me…..
"….Join me, and when at last we end our quest
Our king will greet you as His honoured guest.
How logn will you persist in blasphemy?
Escape your self-hood's vicious tyranny –
Whoever can evade the Self transcends
This world as a lover he ascends.

"Igu lug dara, ugu dambaynna markaynnu soo koobno (helno) baadideen,
Boqorkeennu si weynbuu innoo marti gelin maamuus ahaan.
Tan adduunyo ah intee in le'eg beydun baadi ku sii ahaan!
Ka caymada nafihiinna xumaanfarista badan (*ammaara bi suu*),
Maxaa wacey: Kii ka gilgishaa, waa Jeclaade Eebbe oo arladuu kor uga kacaa.
Xoreeya Lubbiyadiinna (ruuxihiinna) raagsanaya ku-nagaanshaha arlada,
Cagtana saara dawga Mawlaheen."

<u>Fiiro gaar ah:</u> In Fariid-ud-Diin Caddaar shimbirka hud'hudka uga yeelo shimbiraha kale tusaale ay baadidooda (oo ah Boqorkooda ku sugan Buurta Qaaf gadaasheed) ku gaadhayaan, si la mid ah sida Rusushu hanuunka dadka ugu tilmaamaan, uguna hoggaamiyaan Jidka Eebbe, waxa uu xidhiidh ka dhexaysiinayay ka-ag-

dhowaanshihiisii Nebi Saleebaan iyo kalsoonidii uu siiyay si uu farriinta u gaadhsiiyo Boqoraddii Saba (Bilqiis). Waxa kale oo uu ahaa hud'hudku, sida Caddaar sheegay, xilligii Duufaanka, markii ay doonti gaadhi weyday dhul, kii doontii ka haaday, sahan tegayna, soo-laabadkiisiina Nebi Nuuxna (NKHA) u tilmaamay dhul engegan.

Goorma ayuu Eebbe irridda kaa xidhay!
Suufiyaddii Raabica al-Cadawiya ayaa maqashay nin ku dhawaaqaya sidan:
"Eebboow, ii oggolow in aan arko irrida innoo dhexaysa in ay ii furan tahay iyo in kale!"
Kolkaas ayaa ay ugu war celisay: "Nacas iska hadaaqaya! Ii sheeg goorma ayaa uu irridda Eebbe kaa oodnayd?

Once someone cried to God: "Lord, let me see
The door between us opened unto me!"
And Rabe'eh said: "Fool to chatter so –
When has the door been closed, I'd like to know?"

Haaheey! dembidhaaf dalbashada, iyo u laabadka Eebbe (SoK) waa mid irriddeedu goor walba u furan abuurtiisa. Qofkuna waa in uu goor kasta ogsoonaadaa in uu la fal geli karo Eebbaha ah Dembidhaaf badane, Toggoqumiye, Tusmeeye iyo Tiirshe.

Sheeko ku Saabsan Hunguriweynaanta

Ninkii Saboolka ahaa iyo Maxaabiistii[56]

Nin sabool ah ayaa loo oggolaaday in uu cuntada ka dhex xaabxaabo xabsi gudihii; se waxa ka cadhootay maxaabiista - isaga oo aan intii uun ku ekaan e, bal se cuntadoodii hunguriweynaantiisu u gaysay. Ugu dambayntiina waxa ay uga dacwoodeen Qaaddigii, kana codsadeen in uu meel uun uga kaxeeyo. Qaaddigii ayaa u yeedhay ninkii, waxana uu weyddiiyay waxa uu u tegi la'yahay gurigiisii - halka uu kaga dhex nool yahay maxaabiista. Miskiinkii ayaa ugu erey celiyay in uusan guri iyo wax uu ku noolaado lahayn - xaabxaabka uu ka dhex helo maxaabiista mooyaane. Intaas dabadeed, qaaddigii ayaa go'aamiyay **in ninka magaalada la dhex mariyo, lana ogaysiiyo in uu sabool faro madhan yahay, kolkaasna aan cidi wax iska amaahin, lala yeellanna macaamil ganacsi.**

Haddaba, iyaga oo amarkii Qaaddiga fulinaya, ayaa howlwadeennadiisii u baahdeen awr ay fuushiiyaan ninkii saboolka ahaa, si uu dadka meel dheer ugu muuqdo, suuqana lagu dhex mariyo. Nin Kurdi ah oo hunguriweynaani madax martay, ayaa ku yaboohay in uu isagu awrka keeni doono - awrkaas oo lagu sidi doono ninkii saboolka ahaa, laga bilaabo arooryada ilaa gabbaldhaca, iyada oo farriinta dadka loo gudbinayo lagu tebinayo Af Carabi, Faarisi, iyo Kurdi. Markii gabbalkii dhacay, ayaa ninkii

---

[56]Masnavi: Book II: Story II: The Pauper and the Prisoners.

Kurdiga ahaa uu codsaday kiradii awrka, se ninkii faraha madhnaa ayaa u sheegay inaysan waxba gacantiisa ugu jirin, waxana uu hadal-ahaan u raaciyay "**waxa ay ahayd in dhegahaagu u furnaadaan yeedhintii iyo farriintii lagu celcelinayay ee ahayd in aan anigu ahay barlaawe, oo aan cidi wax i amaahin karin, isla markaana aanay ila geli karin macaamil ganacsi!**"

Sidaas ayaa uu ninkii Kurdi ahaa ku noqday mid uu hoggaaminayay hungurigiisu oo garashadiisii ka indho tiray araggii iyo maqalkii; maalintaasina ku qaatay maalin dheer oo tacabkhasaar ah!

Durraamashooyin (Ducooyin)

Ducadii Mucaad Ar-Raazi (Suufi noolaa 830–871 CKD)[57]
Eebbahayoow, Raxmaddaada igaga dhaaf Dembiyadayda,
Rabbigayoow, in kastoo gabboodfalladayda aan kaala cabsi qabo in aan la hor tago caddaaladdaada,
Haddana Naxariistaada weyn ayaa iga yeelsiinaysa in aan yididiilo dhankaaga ka qabo,
Rabbiyoow, falaaddayda (acmaashayda) iima goyn karaan Jannadaada,
Anna uma adkaysan karo eedaadka iyo xanuunka Cadaabta,
Kolkaasna Adiga ayaan naftayda u ban dhigay deeqdaa.

---

[57] Farid ud-Din Attar, Kitaabka Tadkiir al-Awliyaa

Haddii Maalinta Qiyaamaha la i weyddiiyo: 'Maxaad iila timid?' Waxa aan ku eray celin doonaa: 'Muxuu kuula iman doonaa qof toos uga soo baxay xadhig (jeel), oo hoolif weyn, dhar calal ahna xidhan, culaysiyeenna howlo Adduun iyo wadhideedaba?
Iga maydh Dembiyadayda, i huwina go'a badbaadada, Raxmaddaada ayaan rabaaye, ha iga dheerayn agjooggaaga."

A prayer by Yahya Mu'ad Razi
    My God, of Thy mercy forgive my sins.
    O my Lord, though my sinful deeds makes me fear Thy
    Justice, yet the greatness of Thy compassion meakes
    Me hope in Thee. O Lord, I have not merited
    Paradise by my deeds, and I cannot endure the
    Pains of Hell, so I entrust myself simply to Thy
    Grace. If, on the Day of Resurrection, I am
    Asked, "What hast thou brought unto me?"
    I shall reply: "What can one straight from prison,
    With unkempt hair, and tattered garment,
    Burdened with worldly cares and full of
    Shame, bring unto Thee? Was me from my
    Sins, give unto me the robe of the redeemed,
    And in Thy Mercy cast me not away from Thy Presence."

Jacaylka Rabbaaniga ah

Raahibkii Badweynta wax Weyddiiyay[58]
Raahib ayaa badweyn weyddiiyay: "Maxaa kuu xidhay maryahan midabkoodu yahay cir-u-eke (buluuki)?[59] Waxa aad u muuqataa in aad kulayl la karaysid, misena dab holcayaa kaa bixi maayo!"
Badweyntii baa tidhi: " Rabitaankayga igu haya kaarka iyo xanuunka badan, waxa uu ku aaddan yahay jaal (jale) iga maqan. Waana mid iga mudan oo iga korreeya. Hugayga madoobi waxa uu tilmaan u yahay wadhi iyo xanuun aan ku keliyeystay, jacayl aan jaalka iga maqan u qabo ayaa kar iga kicinaya. Jacaylkaasina waa dab baxaya, kulul, oo aan la baqtiin karin. Debnahayga cusbada lehi, waxa ay u harraaddan yihiin durdurkii Al-Kawthar,[60] ee wax cidaadayay ama saxar tirayay."
Haddaba, biyahaas calcalyada ah (ee Jannada) ayaa ay dad ciiddaas iyo cammaarkaas ka badani u jeel qabaan una hilow qabaan, heeganna u yihiin in ay u dhintaan; hadh iyo habeen baadi goobayaan, JIDKANA daal awgii tarabtarab, qaar badani, ugu sii daataan.

---

[58] The Conference of the Birds, bogga 25
[59] Midabka cir-u-ekaha ah waxa ay reer Beershiya u aqoonsanaayeen in uu u taagan yahay murugada iyo geerida.
[60] *Al-Khawthar*: Mid ka mid ah durdurrada Jannada

Fiiro gaar ah: Halkan tusaale aad u heer sarreeya ayuu ku bixinay Fariid-ud-Diin Caddar. In ma-noolaha la qofeeyo, lagana hadalsiiyo iyada oo farriin lagu gudbinayo, waxa ay mararka qaar ka xeel dheer tahay farriin ama odhaah uu qof afka ka yidhaahdo. Waxa ay tahay adiga oo sifooyin aadane – sida ogaal, garasho iyo ged (dabeecad) huwiyay ma-noole. Qofayntu kolkaas waa ay xoojisaa dhugashada – mid indhood iyo mid maanba. Farriinta dadban ee tusaalahan badweynta hilowga u qabta durdurrada Al-Kawthar ee Jannada ku dhex yaallaa, waxa ay tahay: Waar dadoow, haddii ma-noolihi uu sidaas hilow ugu qabo, rabona in uu la midoobo biyihii burqanayay ee Al-Kawthar, maxaa kuu diiday in aad u howl gasho in aad u shaqaysato Jannadaas ay hoosteeda webiyo ka dhex burqanayaan? Oo maxaanad ugu aroorin darkaas qofkii ka cabbaaba uusan weligii harraadayn?[61]

A Hermit Questions the Sea

    A hermit asked the ocean: Why are you
    clothed in these mourning robes of darkest blue*?
    You seem to boil and yet I see no fire!"
    The ocean said: "My feverish desire
    Is for the absent friend. I am too base
    For him; my dark robes indicate disgrace
    And lonely pain. Love makes my billows rage;

---

[61] Halkan waxa xusid mudan xadiiskii ku yiil Bukhaari, Galka 9aad, Buugga 88, Tirsi 174.

Love is the fire which nothing can assuage.
My salty lips thirst for Kauser's** cleansing stream."
For those pure water tens of thousands dream
And are prepared to perish; night and day
They search and fall exhausted by the WAY.

Jacaylka

Qeexid Jacayl[62]
Qeexid "Jacayl", sida uu u dhigay Suufigii Xaarith al Muxasibi – Aasaasahii dugsigii Baqdaad ee Falsafadda Islaamka, ee noolaa qarnigii 8aad ee Miilaadiga:

"Jacaylku waa u janjeedhsiga cid kale, ciddaas oo ka reebban cid kale oo dhan, isla markaana waa ciddaas oo aad ka door bidday naftaada, jidhkaaga, lubbigaaga (ruuxdaada) iyo hantidaada; oo aad si dhammaystiran ula jaan qaadsan tahay ciddaas, oogo ahaan iyo gudo ahaaba, iyada oo aanay meesha ka maqnayn ogaanshaha in haddiiba uu jiro gaabis, in dhammaantiis ka iman karo adiga laftarkaaga ama dhinacaaga oo keliya, se ciddaas kalena ay siddimuldhukh tahay (ceeb-ka-saliim)."

A Sufi's definition of love
Love is the inclination towards an object, to
the exclusion of all else, then the preference of
that to oneself, in body, soul, and possessions,

---

[62] Harith al Muhsaibi, Tadkiir al-Awliyaa oo uu qoray Farid ud-Din Attar.

and complete agreement with it both outwardly and inwardly, and the knowledge that all shortcoming lies in oneself.

Jeclaadihii tii uu Jeclaa Isheeda iin ku Arkay[63]
Geesi qalbilibaaxle ah ayaa guuldarradiisii la kulmay. Ammin ku siman shan gu' ayaa uu jacayl ciidda cunsiiyay isagii, xadhiggii qarqarsiga addoonnimona u jiiday, saansaankaas in uu ku jirona oggolaysiiyay. Inanta ay laabtiisu ku xasishay isheeda waxa ay ku lahayd iin yar. Ha yeeshee, in kasta oo aanay ka qarin jirin, isaguna indhaha ku hayn jiray wejigeeda, haddana marna uma ay muuqannin iintaasi. Sidee bey iin yari ugu muuqan doontaa qof jacayl sakhraamiyay!

Ka dib, si tartiibtartiib ah ayaa jacaylkii uu iyada u qabay u shiiqay, joojiyayna in uu ninkii geesiga ahaa dareenkiisii caynaanka u hayo. Maris iyo baabaco ayaa laga mariyay jirradii jacayl. Biririx! Quruxdeedii iyo hadalmacaanideedi waxa ay noqdeen qaar aan isaga soo jiidan. Kolkaas uun bey iintii isha kaga taallay isagii u muuqatay.

Waxana uu weyddiiyay: "Qoorma ayuu dhalaadkaasi bu'da isha kaaga dhigay?"

Kute: "Keliya markii jacaylkii aad ii heysay uu bilaabmay in uu shiiqo ayaa uu isha igaga dhigay."

---

[63] Farid ud-Din Attar, The Conference of the Birds, bogga 105

Haddaba, qofyahow, illaa goorma ayaa ay gefafka cid kaleeto qalindaar ku samayn doonaan maankaaga? Gefafkaaguna waa kuwo kugu mudduci ah, se qalbigaagu ka indho la'yahay. Gabboodfalladaadu waa sida buurahaas oo kale, inta ay sidaasna yihiinna, in aad kuwa dadka kale isku mashquuliso waxba kaagama shan-iyo-toban aha.

The lover who saw a blemish in his beloved's eye
    A lion-hearted hero met defeat –
    Five years he loved, and slavery was sweet.
    The girl from whom he was content to sigh
    Had one small blemish lurking in her eye,
    And though, as often as she would permit,
    He gazed at her he never noticed it.
    (How could a man possessed by frenzy see
    This unimportant, faint deformity?)
    Then imperceptibly love ceased to reign;
    A balm was found to ease his aching pain –
    The girl and all her blandishments
    Became a matter of indifference;
    And now the blemish in her eye was clear –
    He asked her: "when did that white speck appear?"
    She answered: "As your love began to die,
    This speck was brought to being in my eye."
    How long will other's faults distract your mind?
    Your own accuse you, but your heart is blind.
    Your sins are heavy, and while they are there,

Another's guilt is none of your affair.

Jeclaadihii Qarqoonka ka Badbaadiyay Middii uu Jeclaa[64]

Inan ayaa webi ku siibatay. Ka diba jeclaadaheedii ayaa sida hillaac biyihii batalaq isaga daba tuuray, maayaddi xoogganayd ayuu dhiirranaan ku dhex maray, hoosna u muquurtay biyihii si uu u badbaadiyo iyadii, waana ku guulaystay in uu gaadho si uu u soo samatabixiyo. Haddaba markii ay soo wada badbaadeen, ayay tidhi iyada oo amankaagsan: "Haddiiba aan ku dhacay biyaha, maxaa iga kaa daba keenay ee aad naftaada halista u gelisay?"

Kuye: "Anaa quusay biyahii (si aan kuu badbaadiyo) maxaa yeelay laba is-jecel uma kala soocna labadan erey "ANIGA" iyo "ADIGU", wax macne ahna uma samaynayaan. Ammin dheer baa ka soo wareegtay intii aynnu kala qaarnayn; ha yeeshee hadda kol haddii aynnu isla gaadhay saansaankan (xaaladdan) midowga ah (midnimo), oo aan anigu ADI ahay, adiguna ANI tahay, maxay micne samaynaysaa in aynnu kala sheeganno ADI iyo ANI? Ka hadalka "LABA" waa tirooyin. Marka se LABA meesha ka baxaan, waxa keliya ee soo hadhay waa MIDOW.

<u>Fiiro gaar ah</u>: Fikirka Suufiyiinta, jacaylka jaadkan oo kale ahi waxa uu u dhigan yahay sarbeeb. Waxana uu yahay jacayl iyo baahi ka duwan mid jidheed. Waa u hilow jacaylka Eebbe.

---

[64] — Farid ud-Din Attar, The Conference of the Birds

The lover who saved his beloved from drowning
    A girl fell in a river – in a flash
    Her lover dived in with a might splash,
    And fought the current till he reached her side;
    When they were safe again, the poor girl cried:
    "By chance I tumbled in, but why should you
    Come after me and hazard your life too?"
    He said: "I dived because the difference
    Of 'I' and 'you' to lovers makes no sense –
    A long time passed when we were separate,
    But now that we have reached this single state
    When you are me and I am wholly you,
    What use is it to talk of us as two?'
    All talk of two implies plurality –
    When two has gone there will be Unity.

Boodhari
Show Cilmi-Boodhari, Eebbe ha u naxariisto e, waaya-aragnimadiisii jacayl, waa lala wadaagay. Suufigii Fariid-ud-Diin Caddaar ayaa gabaygiisii dheeraa kaga sheekeeyay dhacdo uu gabayga dhexdiisa ugu bixiyay "*Jeclaadihii Seexday.*"[65] Waana tan oo aan gabaygaas tiraab u dooriyay:
Jeclaade la dhanqalmay soojeed hurdola'aaneed, oohin iyo daal ayaa ay hurdadi ku qabatay oo ku ciiray awaare suuq badhtamkiis ah. Ka dib waxa soo martay inantii uu jeclaa, waxana ay aragtay in

---

[65] Farid ud-Din Attar, The Conference of the Birds

uu hurdo dheer naftiisii geliyay, sidii oo aanay kaba qasnayn, iyadiina ugu muuqatay danayn la'aan dhankiisa ah. Ka dib waxa ay qaadatay qalin iyo warqaad (warqad), waxna waa ay ku xarxarriiqday, markaana kalladhka ayay u sudhay ama u gelisay. Markii uu baraarugay, warqaaddiina isha mariyay ayaa damaqii jacayl ee hayay kun jeer ku labanlaabmay.

Intan ayaa ay ku qortay warqaaddii:

"Haddii aad tahay ganacsade ka shaqaysta macdanta qalinka ah (*fidda*), suuqa irridihiisi waa furan yihiin, markaasna oogso oo madaxaaga lulmada ka gilgil; haddii ay rumayni (iimaan) laabtaada degtay, tukashada isugu bixi habeenkii oo dhan, sujuuddana ku negow inta laga gaadhayo kaaha waaberi; haddii aad jeclaade (*mucaashiq*) tahayna, isla yaab, oo wadhi baan ku idhi! Jeclaade hurdo waa ku magac xumo! Dharaar oo dhan dabaysha ayuu qoraa; isaga oo indhaha kala haya ayaa uu dayaxu ugu soo baxaa, uguna dhacaa; se adiga midna lagaama hayo, jeeroo aad ooydid ama taahdid..Jacaylka aad ii sheeganaysaa waa bar-kuma-yaal. Ninka is leh cid ayaad jeceshahay ee haddana lulo la gama' dhimashadiisa ka hor, bes waxa aan u aqaan mid naftiisa uun jecel! Adiga jacayl ba kuuma bilowna. Sidaas aawadeed, hurdadu ha kuugu macaanaato sida aqoon-darradaada oo kale!"

The lover who splet

    A lover, tired out by the tears he wept,
    Lay in exhaustion on the earth and slept;
    When his beloved came and saw him there,

Such fast in sleep, at peace, without a care,
She took a pen and in an instant wrote,
Then fastened to his sleeve, a little note.
When he awoke and read her words his pain
(Increased a thousand fold) returned again –
"If you sell silver in the town," he read,
"The market's opened, rouse your sleepy head;
If faith is your concern, pray through the night –
Prostrate yourself until the dawning night;
But if you are a lover, blush with shame;
Sleep is unworthy of the lover's name!
He watches with the wind throughout the day;
He sees the moon rise up and fade away –
But you do neither, though you weep and sigh;
Your love for me looks like an empty lie;
A man who sleeps before death's sleep I call
A lover of himself and that is all!
You've no idea of love, and may your sleep
Be like your ignorance – prolonged and deep!"

Talasaarashada Eebbe

Haddii Aad Eebbe Mar Labaad u Baahan Doontid...[66]

Suldaan Maxamuud Al-Qaznawi, ayaa bilaabay gulufkiisii uu waqooyiga Hindiya ku qaadayey. Sidii uu jidka ugu sii jiray ayaa

---

[66] Farid ud-Din Attar's The Conference of the Birds, bogga 109

waxa ku soo aaday ciidan culus oo dhinacii kale ah. Ciidaankaas cududdiisii iyo laxaadkiisii markii uu arkay waxa uu sii labanlaabay baryadii Eebbe (sarree oo korreeye) in uu libin siiyo. Ducadii waxa uu raaciyay nidar, isaga oo leh: "Haddii aan guulaysto maalintan culus, bililiqada dagaalka dhammaanteed waxa aan u qaybinayaa wadaaddada saboolka ah ee cibaadada u ban baxay (*dervishes*)." Labadii garab waa dagaallameen, Eebbena guushii waa uu u dhammays tiray Suldaan Maxamuud. Dhinacii kale, wixii hanti ee ay haysteen, waxa ay ku soo tuuleen gondahiisa, Maxaa dahab ah, maxaa lacag ah! maxaa... maxaa!

Boqorkii ayaa dhawaaqay: "Waan oofinayaa ballankaygii. Wadaaddada ayaa wada yeelanaya bililiqada." Ha yeeshee lataliyeyaashiisii iyo qoorweyntiisii ayaa ku qayliyay: "Dahabka, lacagta, luulka iyo jawharadaha miyaa loo quudhi karaa fuleyaashan. Boqoroow, abaal mari ciidanka guusha soo hooyay. Haddii kalena ku toomi, kuna xeree qolka kaydka ee boqortooyada."

Durbadiiba, Boqor Maxamuud, go'aan uu qaato waa uu ku dhiirran waayay. Ha yeeshee, isla markiiba, waxa uu indhaha la helay Boul Xuseen, suufi ay dadku u qabeen in uu dhiman (waalan) yahay.

Waxa uu yidhi boqorki: "Waxa Alle'iyo wixii ninkaasi ku taliyo, ayaa aan yeelayaa – maxaa wacay, ma jiro boqor mana jiro ciidan ninkaas aragtidiisa raadayn ku samayn kara." Ninkii "waalnaa" ayaa boqorkii la soo hor joojiyay. Waana uu soo dhaweeyay, arrinkiina si fiican ayuu ugu faahfaahiyay. Ninkii waalnaa ayaa yidhi: "Boqoroow, waxa meesha yaallaa, iyo arrinkan jiif iyo joogba kuu diiday, uma dhigna laba midh oo heed ah. Haddii aad rabto in xidhiidhkaaga Eebbe uu halkan ku soo afmeermo, iska illow nidarkii, wax daba-ka-werwer ahina yaanu ku gelin. Haddii se aad filaysid in aad u baahan doonto Isaga (Eebbe) mar kale, oofi dhaartaadii oo aanad wax yarna ka dhimin. Eebbe ayaa guusha kugu galladaystay, haddaba halkee ayuu qiil aad ku dabamartayso heshiiskaas, oo aad talo kale ku keeni lahayd kaaga bannaan yahay?!"

Sidii uu ninki ku taliyay ayuu yeelay Boqor Maxamuud, oo uu ku qaybiyay hantidii si la jaan qaadsan ballankii.

Faallo kooban:
1) Suldaan Maxamuud Al-Qaznawi, waxa uu noolaa qarnigii 11aad ee tirsiga miilaadiga. Asal-ahaan waxa uu ka soo jeeda magaalada Qazna ee dalka Afqaanistaan ku taal. Waxa uu ahaa boqorkii furtay waqooyiga Hindiya. Markii uu geeriyooday, boqortooyada uu xukumayay waxa ay ku kala fidsanayd Samarqand ilaa Kashmiir. Taariikhyahannada qaar ayaa ku tilmaamay in uu hanti'urursiga aad ugu belaysnaa, aad u qalbi adkaa, isla markaana aanu cid u jixinjixi jirin.
2) Talada wanaagsani, mararka qaarkood, meel aan laga filaynin ayay taallaa. Waana sidii sheekadii "Colka wadhaf ma lagu deyay", iyo tii kale ee Suldaan Diiriye Sugulle oo wiil yar ahi

shir ka dhex yidhi "Waar waayeel ha gurina e, wax-garad gura!" sidiina uu kaga mid noqday xeerbeegtidii beesha.
3) Hore-Alle-u-jeednimada (daacadnimada) marna laguma khasaaroobo.

Shah Mahmoud in India
Mohmoud began his Indian campaign
And saw before him, drawn up on the plain,
The massive army of his enemy –
In fear he prayed to God for victory
And said: "If I should win this doubtful day,
The dervishes will bear the spoils away."
They fought, and Mahmoud's conquest was complete –
His captives piled their treasures at his feet.
The king declared: "I will fulfil my vow;
The dervishes shall have this booty now."
But all his couriers cried: "Can gold and jewels
Be given to that crowd of cringing fools?
Reward the soldiers, who have won this war,
Or have it piled up in the royal store."
What should he do? Shah Mahmoud was unsure.
Just then his eye caught sight of BoulHossein,
A pious fool whom many thought insane;
He said: "Whatever that man says, I'll do –
No kings or armies influence his view."
They called the madman over to the king,
Who welcomed him and told him everything.

The madman said: "O king, these anxious pains
Are not worth more than two small barley grains –
If all your dealings with the Lord cease here,
Forget the vow you made and never fear;
But if you think you might need Him again
Then keep your promise to the final grain.
God gave the victory to you; now where
In this agreement is your lordship's share?"
So Mahmoud gave the gold where it was owed,
And took his way along the royal road.'

Jar Buureed
Shabeel baa nin baacsaday, sidii uu uga sii cararayay ayaa waxa isagii soo af gooyay jar buureed oo dheer. Hore ayaa loo yidhi 'naftu orod bey kugu aamintaa', ka dib jarkii ayuu iska tuuray. Se si lama filaan ah ayaa ay gacantiisi haleeshay laan jarka ka sii laalaadday, waanuu ku yutu'ay. Intaas markii uu isku hubsaday ayuu bahalkii eryanayay kor u eegay, mise jarka foodkiisa, fogaan u jirta laba mitir keliya, ayuu ka soo cartamayaa. Mar kale ayuu hoos daymooday. Misane waaba maayaddii badda oo dhadhaabaha hoose ee gebiga dhirbaaxaysa. Haddana kor ayuu u eegay laantii keli ahayd ee uu ka laalaaday ee isaga u ahayd dunta keliya ee nolosha ku xidhaysay, waxana uu arkay laba jiir oo gunta ka rifaya laantii. Markii uu yiqiinsaday in meel kale oo loo cararaa aanay jirin, isla markaana ay hor timid dareen ah in uu dhimasho

ku xukuman yahay, ayuu mar qudha, af labadii ku qayliyay "Eebboow, i bixi oo i badbaadi!"
Mar keliya ayuun buu dhawaaq uga baxay xagga samada: "Haaheey, Waan ku badbaadin. Ha yeeshee, horta iska sii daa laanta!!!"[67]

Aqoonta Islaamka iyo Ku-camal-falkeeda

Muslinkii Rumaynlaawaha ahaa iyo Gaalkii Runlowga ahaa[68]
Maalin maalmaha ka mid ah waxa is-diriray laba nin oo mid muslin yahay, ka kalena gaal yahay. Gooro ka dib, waxa uu kii muslinka ahaa codsaday, kol haddii la gaadhay xilligii salaadda, in uu tukado, waana uu ka yeelay kii gaalka ahaa. Kii muslinka ahaa ayaa dhammays tirtay salaaddiisii. Waxana uu guda galay sii wadidda dagaalkii uu kula jiray gaalkii. Haddana gooro ka dib ayaa kii gaalka ahaa uu codsaday in uu isna u baahan yahay in uu tukado. Waana ka yeelay kii muslinka ahaa. Meel gaar ah oo saxar la' ayuu u baxay, waxana uu foodda saaray sanamadii uu caabudi jiray.

---

[67]Sheekadani waxa ay ku jirtaa kitaabka: Perfume of the Desert, Inspirations from Sufi Wisdom, compiled by Andrew Harvey and Eryk Hanut, Quest Books, Theosophical Publishing House, Wheaton, 1999, p. 18

[68] Farid ud-Din Attar's The Conference of the Birds, bogga 92

Kii muslinka ahaa markii uu arkay in uu fooror, oo cibaado ku fooggan yahay ayuu naftiisii kula xanshashaqay: "Hadda ayay guushu ku raaci kartaa haddii aad ku dhufato, oo aad qoorta hor dhigto."

Isla markiiba waxa uu bilaabay in uu seeftiisii galka ka siibo; se mar Alle markii uu kor isula kala waaxay, ee uu islahaa kaga haadi, ayaa uu maqlay dhawaaq digniin ah oo xagga sare (cirka) ka yeedhay: " Waar kaagan, madax ilaa minjo, dhiig-ya-cabka ahi, ma waxaas ayaa ballan ah, in aad khiyaamo ku kacdo? Isagu seeftiisa galka kama uu saarin markii aad weyddiisatay in aad tukato. Adigu se in aad markiisa weerarto waa dembi. Ma waanad arkhriyin aayaddii Qur'aanka ku jirtay ee ahayd 'Oofiya ballannada?' oo miyaad laali ballannkii aad la gashay isaga? Gaalku runlow ayuu ahaa, waanuu oofiyay ballankiisii; adigana sidaas oo kale in aad fasho ayay ahayd. Xumaan ayaad ku dhererisay wanaag. Waxa aad adigu filanayso in lagula dhaqmo, cidda kalena adigu kula dhaqan. Isagu wuu ku rumaystay (maxaa yeelay Muslin ayuu kuu haystay); aaway rumayntaadi iyo raadkii salaadahaagu? Muslin ayaad tahay, ha yeeshee is-wanaagin diineed (*self-piety*) iyo iska-yeelyeelid rumayneed waa ay hoos marsan tahay rumaynta gaalkaas hooseeya."

Kii muslinka ahaa markii uu maqlay intaas ayuu dhinac u dhaqaaqay; dhidid baa dhafoorradiisii ka soo degay; ciilkaambi ayaa qalbigiisii dacwad ku oogay; gaalkii ayaa daymooday isagii oo la moodo in la baabay (la maray) ama uu shoog heysto, ilmona ka da'ayso indhihiisa. Waxa uu weyddiiyay: "Maxaa kaa oohinaya?" Suuye: "Xumaannta aan falay ma aha mid aan si fudud u qarin karo" – waxana uu u sheegay codkii uu dhinaca samada ka maqlay markii uu rabay in uu seefta ku dhufto; waxana uu hadalkiisii ku soo gebagebeeyay: "Illintaydu waxa ay dhowraysaa furtuurkaaga iyo aar-goosigaaga."

Ha yeeshee markii uu gaalki sida ay wax u dhaceen dhegaystay, indhihiisii ayaa ay ilmo ka buuxsameen, midabkiisiina waa is-dooriyay, waxana uu yidhi:

"Eebbe ayaa faafreebay oo diidmo ka muujiyay falaaddaadii khiyaanadu wehelisay, isla markaana dhowray naftii cadowgiisa ahayd ee gaalnimada caddaystay – markaas anna hadda miyaan rumayn la'aan ku sii jiri karaa? Waxa aan dabka saarayaa (gubayaa) sanamyadaydii, Eebbena waan u sujuudayaa, sharcigiisana waan faafinayaa! In badan ayaa qalbigaygu baadiyow ku sugnaa, oo uu Shaydaan meel ku seetaystay."

<u>Faallo kooban:</u>

Haatan iyo beeryahanba, iska dhaaf qof gaalnimo caddaystay e, qof ashahaata, oo rumayntaas Eebbe (sarree oo korreeye) ballan kula galay, oo masaajid u socda, ama gudihiisa ku sugan, ama gurigiisii uga soo socda ayaa cid kale oo ashahaadataa qarax ama rasaas la beegsanaysaa!

Waxa kale oo aynnu sheekadan kala soo dhex bixi karnaa, dhaqanka wanaagsan ee diinteenna suubban, iyo in qofku ku dhaqmo waxa uu rumaysan yahay, raadaynta ay ku yeelan karto cid kale.

The faithful Moslem and the faithless infidel
A Moslem fought an infidel one day
And as they fought requested time to pray.
He prayed and fought again – the infidel
Then asked for time to say his prayers as well;
He went aside to find a claner place
And there before his idol bowed his face.
The Moslem, when he saw him kneel and bow,
Said: "Victoryis mine if I strike now."
But as he raised his sword for that last stroke,
A warning voice from highest heaven spoke:
"O vicious wretch – from head to foot deceit –
What promises are these, you faithless cheat?
His blade was sheathed when you asked him for time;
For you to strike him now would be a crime –
Have you not read in Our Qur'an the verse
'Fulfill your promise'? And will you curse
The word you gave? The infidel was true;
He kept his promise, and so should you.
You offer evil in return for good –
With others act as to yourself you would!
The infidel kept faith with you, and where
Is your fidelity, for all your prayer?
You are a Muslim, but false piety
Is less than this poor pagan's loyalty."

The Moslem heard this speech and went apart;
Sweat poured from him, remorse accused his heart.
The pagan saw him as if spellbound stand,
Tears in his eyes, his sword still in his hand,
And asked: "Why do you weep?" The man replied:
"My shame is not a matter I can hide" –
He told him of the voice that he had heard
Reproaching him when he would break his word,
And ending said: "My tears anticipate
The fury of your vengeance and your hate."
But when the infidel had heard this tale,
His eyes were filled with tears, his face turned pale –
"God censures you for your disloyalty
And gurds the life of His sworn enemy –
Can I continue to be faithless now?
I'll burn my gods, to Allah I will bow,
Expound His law! Too long my heart has lain
In darkness bound by supertition's chain."
What infidelity you give for love!
But I shall wait until the heavens above
Confront you with the actions you have done
And number them before you, one by one.

Islaweynida

Boqorkii Dhistay Bangaladii Yaabka Badnayd[69]

Waxa jiray boqor "isnacey" oo "weynaantiisa" wax mooday; waxana uu dhistay bangalo aan mid la jaad ah hore loo dhisanin, wax kastana uu ku bixiyay dhiskeeda. Markii la dhammeeyay dhismahan aan hore loo arag, ayaa lagu goglay qaddiifado lagu ashqaraarayo quruxdooda.Waxa ku soo xoomay oo tirobadnaan awgeed isgerbiyay dadweynihii – si ay u daawadaan qasriga.Waxana dhex qaaday adeegihii boqorka oo dabaqyo lacag dhururi dahab ahi ka buuxaan dhinac walba ugu saydhsaydhay.

 Kolkaas ayuu boqorki soo shiriyay dhammaan la-taliyeyaashiisii uu ku kalsoonaa. Kuye: "Ma jiraan wax ka dhiman dhismahan? Wax soojeedin ah se ma ku darsan lahaydeen?" Waxa ay ugu war celiyeen: "Alleylehi waa aad dhammays tirtay! Mana jiro cid sheegi karta bangalo la mid ah oo arlada laga dhisay."

Intaas ka dib ayaa oday saahid ahaa ku tiraabay sidan: "Wax baa ka dhiman boqoroow. Waana dillaac keliya oo haddii gurigu dhammaystirnaan lahaa 'guri janno' kala mid dhigi lahaa."

Boqorkii: "Maxaad sheegaysaa! Dillaacee. Bal i tus. Waaryaa, haddii aad halkan u timid adyad waar hooy is jir!"

---

[69] Farid ud-Din Attar's The Conference of the Birds, bogga 69

Odaygii: 'Boqoroow, waxa aan sheegayaa waa run, oo dillaacaas ayuu Cazraa'iil[70] ka soo dusi doonaa. Waa aad isku deyi kartaa in aad awddo. Se ma awoodi kartid. Sidaas haddii ay tahayna, qasrigaagu waxba kuuguma filna. Qasrigaaga imminka waxa aad is leedahay ku dhereri kuwii jannada, se runnimada dhimashada iyo in uu yahay mid aanad ku waarayn ayaa kuugu fillaan doonta in ay indhahaaga u run sheegaan. Wax waaraya ma jiraan, aan Eebbe ahayni. Kolkaasna ha ku faanin naftaada waxa aan sii jirayn. Faraskaaga ha gelin wankalaali (bootin dheer), kufi doonteena ma ogid e. Haddaba haddii ay wax iiga iftiimeen habdhaqankaaga, oo aan kuu taabto qaar ka mid ah gabboodfalladaada, la imoow dhaqan ka geddisan, maxaa yeelay aakhiradaadana waan u baqayaa e."

A king who built a splendid palace
A king who loved his own magnificence
Once built a palace and spared no expense.
When this celestial building had been raised,
The gorgeous carpets and its splendor dazed
The crowd that pressed around – a servant flung
Trays heaped with money to the scrabbling throng.
The now summoned all his wisest friends
And said: "What do I lack? Who recommends
Improvements to my court?" "We must agree,"
An old ascetic spoke: "One thing's amiss,"

---

[70] Cazraa'iil = Malaggii dhimashada.

He said: "there's one particular you lack.
This noble structure has a nasty crack
(Though if it weren't for that it would suffice
To be the heavenly court of paradise)."
The king replied: "What crack? Where is it? Where?
If you've come here for trouble, then take care!"
The man said: "Lord, it is the truth I tell –
And through that crack will enter Azra'el."
It may be you can block it, but if not,
The throne and palace are not worth a jot!
Your palace now seems like some heavenly prize,
But death will make it ugly to your eyes;
Nothing remains forever and you know –
Although you live her now – that this is so.
Don't pride yourself on things that cannot last,
Don't gallop your high-stepping horse so fast.
If one like me is left to indicate
Your faults to you, I pity your sad fate."
— Lines from Farid ud-Din Attar's, The Conference of the Birds

Qawaacidruuggii iyo Huudhiwalehii[71]
Nin cilmiga qawaacidka si fiican u shubay ayaa maalin fuulay huudhi (doon yar oo la seebiyo). Inta uu ku jeestay huudhiwalihii,

---

[71]Source | *Tales from Masnavi*, Jalal al-Din Rumi. Translated by A.J. Arberry

isaga oo weliba wejigiisa ay ka muuqato jeesjeesid, ayuu weyddiiyay:

'Weligaa ma dhigatay qawaacidka?'

'Maya' ayuu ku celiyay huudhiwalihi.

'Kolkaas, haddii ay sidaas wax yihiin, waa ka kac (khasaare) kala badh noloshaadu,' ayuu yidhi qawaacidruugihii.

Huudhiwalihii ereycelintaas kaga timid Qawaacidruugihi meel ayaa ay taabatay, se markaas wax hadal ah kuma uu celin isagii. In yar ka dib ayaa ay dabayli ku kacday huudhigii. Markaas buu huudhiwalihi u dhawaaqay qawaacid ruugihii: 'Ma taqaan sida loo dabbaasho?'

'Maya' ayuu ugu war celiyay qawaacidruugihi.

'Haddii ay sidaas wax yihiin qawaacidruugoow, noloshaadii oo dhammi waa bar-ku-ma-taal, maxaa yeelay, doontu waxa ay ku dhex degaysaa duufaannadan!"

Xalaalmiirashola'aanta iyo falxumada (samaynta xumaanta)

Sheeko: Socotadii cuntay maroodigii yaraa

Koox socoto ah ayaa ku ambatay dhul waaq la' ah, waxana ay ku dhawaadeen in ay u dhintaan gaajo awgeed. Iyaga oo rogrogaya wixii tallaabo ah ee ay qaadi lahaayeen – si ay u badbaadaan, waxa u yimid nin xirrib (xigmad) badan, waanuu uga laab qaboojiyay saansaanka adag ee ay ku sugnaayeen. Waxa uu u sheegay in ay ayga (kobta dhiraysan) ee markaa iyagii ka ag dhowaa ay joogaan tiro door ah oo dhallaal maroodi ah, oo midkood ugu fillaan karo in ay mar cunaan, waxa se uu sidoo kale uga digay in haddii ay mid ka mid ah qashaan, in kuwii dhalay ay soo raadsan doonaan, cagtana cagta u saari doonaan, kana aar goosan doonaan dilka dhalkooda.

Wax yar ka dib ayaa ay nimankii socotada ahaa arkeen maroodi yar oo bacbac ah, oo ay iska xakamayn kariwaayeen in ay qashaan ka dibna cunaan. Waxa dhacday se, in mid iyagii ka mid ahi uu ka waantoobey, kuna dhici waayay in uu hilibkii wax ka cuno. Markii ay dhergeen ayaa ay jeegada u dhaceen si ay u nastaan. Dhereggoodiina waxa uu soo dedejiyay lulo, markaasay hurdo dheer galeen. Waxa dul yimid arbe weyn oo kolkiiba bilaabay in uu ursada neefsigii mid wal oo ka mid ah socotadii. Kolkaasna, ku Alle kii uu u aqoonsaday in uu cunay hilibkii maroodigii yaraa waxa uu u dilay si aan jixinjix lahayn, waxa se uu daayay ninkii iska dhowray in uu hilibka maroodiga yar wax ka cuno.

Qodobkan sare ayaa uu Ruumi ka tiriyay gabay muujinaya xumaanta xaaraanta; waxana aan u rogay tiraab, kuna soo ban dhigay halkan hoose:

> "Waa aad huruddaa, siifaddii midhihii lamataabtaanka ahaana (xaaraan) cirka madow ayey u baxaysaa. Siina raacaysaa neefsigaaga qadhmuun. Jeeroo ay jannada bannafid[72] hawada kaga qabsato: Waa bannaf kasoo baxay islaweyni, bannaf kasoo baxay qooq galmo, bannaf kasoo baxay hunguriweynaan. Kuwaasi dhammaantood waxa ay u bannafaan sida raarah basal ah oo

---

[72]Bannaf: Ur aad u qadhmuun.

hadalka qofka soo raacaysa, in kasta oo uu qofku ku dhaarto 'Ma anigaaba cunay? Goorma ayaan iska daayay basal iyo toon?'
Dhaartaas laftarkeeda, kol Alle kolka ay saaqdo dadka kula fadhiya, ayaa sheegaysa ama tibaaxaysa wax urteeda ka badan. Markaasna, si la mid ah sida ay siifadda toonta iyo basashu[73] u dhaawacdo salaadda, ayaa qalbiga qalloocsan codka kasoo baxayaa sheegaa wax ka duwan waxa uu huursanayay. Salaaddaas oo aan la aqbalin (sifooyinkaas ilsaweyniyeed, qooq galmo, iyo hungry-weynaan) aawadood, waxa ciddeeda lagu odhon doonaa, 'Ku fogaada naarta dhexdeeda.'[74] Kalagaynta (Alle iyo addoomihiisu) waxa ay ka dhalataa ama waa midhaha sabid (khiyaamooyin) oo dhan. Ha yeeshee, haddii carrabkaaga ama qaabgudbinta hadalkaaga uu qallooc ku jiro, se ula jeeddadaadu toosan tahay, tiraabtaada qalloocsanaantooda ayuu Eebbe ku qaadayaa (aqbalayaa)."

Evil deeds give men's prayer's an ill savour in God's nostrils
    Thou art sleep, and the smell of the forbidden fruit
    Ascends to the azure skies
    Ascends along with thy foul breath,
    Till it overpowers heaven with stench;
    Stench of pride, stench of lust, stench of greed.
    All these stink like an onion when a man speaks,

---

[73]Xadiith: "Ku Alle kii soo cunay basal ama toon, yaanuu naga iman Masaajidka." (Mishkaat ul Masaabiix, ii:321)
[74]Qur'aan: "Wuxuu dhahaa Eebbe: Ku fogaada dhexdeeda indinkoo (dullaysan) hana ila hadlina.: (Al-Mu'minuun: 108)

Though, thou swearest, saying, 'when have I eaten?
Have I not abstained from onion and garlic?'
The very breath of that oath tells tales,
As it strikes the nostrils of them that sit with thee.
So too prayers are made invalid by such stenches,
That crooked heart is betrayed by its speech.
The answer to that prayer is, 'Be ye driven into hell.'
The staff of repulsion is the reward of all deceit.
But if thy speech be crooked and thy meaning straight,
Thy crookedness of words will be accepted of God.

(Masnavi: Book III, page 157)

Rudhmo Xaaraan ah
Abu Yazid al-Bestami waxa uu ahaa Suufi noolaa qarnigii 9aad MKD. Isaga oo wax ka qoray xalaalmiirashada, waxa uu sheegay in hooyadii ku tidhi:
"Mar Allaaliyo kolka aan rudhmo aanan hubin xalaalnimadeeda aan afkayga geliyo, uurkayga ayaad ku dhex dhaqdhaqaaqi jirtay, manaad joojin jirin ilaa aan afkayga ka fogeeyo." (Ilwareed: *Tadkiirat –ul-Awliyaa*)

Taageeridda iyo u-dhibirsanaanta dadka Saboolka ah

Nin weli ah ayaa laga soo tebiyay hadalkan, "Mar aan la joogay Bishr Ibn Xaarith (geeriooday 841 MKD) waxa uu u baxay gego bannaan oo aad u qaboow. Waxa aan arkayay isaga oo murux ku dhow oo dhaxan la qadhqadhaya. Kolkaas baan idhi 'Abu

Nasroow, cimiladan oo kale dadku dhar dheeraad ah ayaa ay gashadaan, adiguna in aad ismurxiso ayaad ku dhawaatay! "Haa' ayuu igu soo celiyay, 'waxa aan xasuustayda ku hayaa dadka saboolka ah. Mana haysto lacag aan ku kaalmeeyo, sidaas daraaddeed, waxa ay tahay in dareenkooda jidh-ahaan ugula qaybsado.'"

Isdhul-dhigga

Suufigii Ibraahin ibn Ad-ham ayaa goor ku soo baxay nin cabsan (sakhraasan). Afkiisa waxa ka soo baxayay ur qudhmuun oo silloon, kolkaas ayuu biyo kaga maydhay afkiisii. Hadalkanna waa uu u raaciyay: "Ma urtaas ayaad u deyn doontaa afka aad kaga dhawaaqdo magaca Eebbe? Taasi waa ixtiraam la'aan!."
Dadkii ag joogay ayaa ku yidhi: "Bal eega! Waar illeyn saahidkii reer Khurasaan ayaa afkaaga maydhay!"
"Dee markaas anna aan hadda toobad keeno." Ayuu ugu war celiyay.
Intaas waxa xigay in Ibraahin hurdadiisii ku riyooday, iyada oo la leeyahay "Waxa aad af u dhaqday aawaday, Anna qalbigaagii ayaan kuu saxar tiray."

Baarrinimada iyo u samafalka waalidka

Abuu Yaziid al-Bestami iyo hooyadii
Abuu Yaziid al-Bestami ayaa hooyadii u dirtay dugsi. Waxa uu baranayay Qur'aanka kariimka ah. Maalin maalmaha ka mid ah ayaa macallinkiisi sharrax ka bixinayay aayadda ku jirta Suurat Luqmaan (14) **"Waxaan u dardaarnay dadka labadiisii waalid. Way sidday hooyadiis iyadoo tabar yar, tabar yari kalena ku sugan. Gudhiddiisuna waa laba gu' ee ku mahadi ani iyo labadaadii waalid....."** Erayadii ayaa Abu Yaazid dareenkiisii dhaqaajiyay.

Inta uu looxiisii tiiriyay ayuu hadalkan ku tiraabay:
"Macallin, fadlan ii oggoloow in aan gurigii tago si aan hooyo hadal u idhaahdo."

Macallinki wuu fasaxay, gurigiina wuu tegay.

"Hooyo, maxaa ku soo celiyay? Ma hadyad baa lagu siiyay, mise waa dhacdo gaar ah?"Ayaa ay tidhi.

"Maya. Waxa aan marsanayay aayadda uu Eebbe igu farayo ama igu dardaarayo (caabuditaankiisa iyo samafalkaaga). Laba meelood kama dhaxayn karo. Aayaddan ayaa aad ii taabatay. Laba mid uun: In aad Eebbe weyddiisato in aan kuu gaar noqdo, ama aan Isaga u go'o keligii."

"Wiilkaygiiyow, waxa aan kuu daayay Eebbe, kaana dhaafay xilkaagii dhinacayga kaa heystay. Markaas, orod oo u gaar noqo Eebbe."

Sidaas oo ay tahay ayaa haddana mas'uuliyaddii ay ahayd in Abu Yaziid mudnaanta labaad siiyo (ee ahayd u adeegidda iyo raalligelinta hooyo), ayaa noqotay mid uu geliyo mudnaantiisii koowaad.

Abu Yaziid oo hadalkiisii sii wata ayaa sidan yidhi: "Si aan hooyo u raalli geliyo, waxa aan sameeyay si kasta oo aan hooyo ugu adeegi karo, taas oo iiga baahnayd in aan u qaabeeyo habdhaqankayga si aan mas'uuliyaddaas culus uga soo baxo. Tusaale-ahaan ayuu Abuu Yaziid bixiyay:

"Habeen habeennada ka mid ah, hooyo ayaa iga codsatay in aan biyo ay cabto u geeyo, se weelkii biyaha ayaa wada madhnaa. Kolkaas baan jalxaddii qaaday, kana soo dhaamiyay webigii. Markii aan ku soo noqday gurigii, waxa aan arkay hooyo oo gama'san. Habeen ay gabadano[75] jirto ayay ahayd. Waxana aan gacanta ku hayay weelkii biyaha. Kolkii ay hooyaday indhaha kala qaadday (anoo biyihii gacanta weli sidii ugu haya) ayaa ay waxoogaa ka cabtay, iina ducaysay. Ka dib waxa ay garatay in biyuhu barafoobeen – dhaxan awgeed. Markaas ayaa ay si yaab ku jiro ii weyddiisay: 'Maxaad weelka meel isaga dhigi weyday oo aad u seexan weyday?' 'Hooyo waxa aan is idhi marka ay indhaha kala qaaddo barbarkeeda ayay kaa waayi'. Markaas bey i tidhi: 'Haddaba irridda ha wada xidhin (si aan halkaas kaaga arko).

---

[75] Gabadano = dhaxan qabow badan.

Waxa aan jeedaalinayay dhinacii irridda qolkeeda ilaa intii waagu ka beryayay, aniga oo hubinaya in ay ii muuqato, albaabkiina badh furan yahay, aniga oo ka cabsi qabay in aan danayn waayay faritaankeedii ......"

Al-Xakiim a-Tirmiidi iyo hooyadii

Al-Xakim A-Tirmiidi (geer. 860) waxa uu ahaa faqiih Sunni ah iyo muxaddith kasoo jeeday gobolka Khorasaan, waxana lagu xasuustaa in uu ka mid ahaa raggii baabka Suufiyada wax ka qoray waayadii hore.

Markii uu da' yaraa Xakiim, waxa uu qorshaystay in uu xer ahaan la baxo laba arday, si ay waxbarasho dhulal kale uga raadsadaan. Ha yeeshee, kolkii hooyadii ogaatay arrinkaas ayaa waxa haleeshay murugo daran, waxana ay ku tidhi: "Waa sidee hooyo, ma in aad iga tago ayaad rabtaa, adoo caafimaad-darrayda og, oo aanan haysan cid ii ciidanta! Sidee baad u tagtaa, oo taagdarradaas igaga boqooshaa?" Erayadaas ayaa taabtay qalbigiisaa, waxana uu faraha ka qaaday socdaalkii uu rabay, kolkaas ayaa ay labadiisii jale (saaxiib) ee ay israaci rabeen iskood u ambabaxeen.

Waxa dhacay, maalin uu Xakiim meel xabaalo ah dhex fadhiyay isla markaana uu ku calaacalayay sidan, "Waa i kaas aan wadeeco ku suganahay, ayna iiga sii daran tahay aqoondarradu, halka jaleyaashaydi ay soo laaban doonaan iyaga oo ku raran aqoontii ay soo barteen."

Mar qudha uun waxa isa soo dul taagay oday, waxana uu ku yidhi: "Hooy inankaygoow, maxaad la tiiraanyeysantahay?" Markii Xakiim arrinkiisii u ban dhigay, ayaa odaygi ku yidhi, "Haddii aad adigu rabtid, aniga ayaa maalin walba wax kuu dhigaya, waxanaad arki doontaa adiga oo dhaafay kuwii kaa tegay." Xakiim ayaa si raynrayni ku jirto u yidhi, "Waa sida aan rabay," laga bilaabona maalintaas, odaygii ayuu casharro ka marsanayay ammin ku siman saddex gu'.
Ka gadaal saddexdii gu', waxa uu yidhi Xakiim, "waxa aan yiqiinsaday in ninkaasi ahaa Nebi Khadar, nabadgelyo korkiisa ha ahaatee, waxana ay ii ahayd barako aan ku helay raalli'ahaanshaha hooyaday."

Imtixaanka Adduunyo

Xirrib'badanihii iyo Daa'uuskii[76]
Nin xigmaawi ah ayaa beertiisii u baxay si uu qoto, kolkaas buu arkay daa'uus afkiisii ku rifaya baalashiisii qurxoonaa. Waa uu isheysan kari waayay ninki kolkii uu arkay isqaayo-ridka iyo isquruxtirkan waallida ah. Waxana uu gudo galay in uu ka waaniyo isdoorinta iyo dilidda quruxdiisii. Ninki isaga oo yaabban ayuu weyddiin ula holladay, 'Miyaanu arrinkani ku murugo gelinayn? Sidee ayaa uu maankaagu kuu siiyaa in aad xididdada u siibto baalashan bilcoon ee ay xitaa wehelka Qur'aanku

---

[76]Waxa ay sheekadani ku jirtaa Kitaabka Mathnawi ee Ruumi.

(quraanruug) uusan seegin in uu baalkaaga kala dhex gashado baalasha Kitaabka?[77] Miyaanay baalashaadu ahayn kuwa la isku marawaxadiyo si hawo neecaw ah looga raadsado? Alla badanaa abaaldarradaadu, maxayna tahay intaas oo jar-iska-xoornimo ahi! Miyaanad rumaysnayn qurxiyahooda? Mise waxa aad muujinaysaa mid aan istaahilin falkiskaas (daabacaas) qurxoon ee daboolay jidhkaaga? In aad sidaas u dhaqantaa waa gabboodfal (dembi) waxana ay kuu jiidaysaa in aad ka dhacdo isha iyo nimcada Boqorka (Eebbe). Doonista isla-hagaagsanaatu waxa ay ka macaan badan tahay sonkorta; se haddii aad raadsato iyo haddii kaleba, waxa ku lammaan boqollaal halisood. Is-dheehrididdaasi waxa ay u dhigan tahay dambaab uu dayaxu wejigiisa ka ururiyay kana ooyay. Mise waanaad arkaynin quruxda wejigaaga?

Daa'uuskii ayaa ka dib u faahfaahiyay in baalashiisan midabka qurxoon lehi ee uu ku taxtaxaashi jiray, aysan ugu fadhiyin wax aan ahayn halis iyo ayaandarro. Maxaa wacey, waxa ay soo jiitaan ugaadhsatada goor kasta daba jebinaysa isaga, oo uusan lahayn awood uu iskaga celiyo. Haa! Arrinku waa uu murugo gelinayay se waxa uu yidhi 'noloshayda ayaa iiga qiimo badan baalashayda.' Sidaas baanuu ku go'aansaday in uu iska muldhiyo baalashaas si uu u fool xumaado, dibna aysan u danaynin ugaadhsatadu.

---

[77] Baalasha shimbiraha siiba kan daa'uuska waxa loo adeegsan jiray in kutubta la kala dhex gashado, si ay u fududaato helidda kolba meesha akhristuhu marayo.

Waa sidaas oo kale e, wax-is-bididda adduunyo (haddii ay tahay magac, dhaqaale, iyo muuq) waxa ay dakharro u geystaan nolosha ruuxiga ah ee qofka – si la mid ah baalasha daa'uuska. Ha yeeshee, si kastaba ha ahaatee, waxa sidaas la innoogu yeelay in la innagu imtixaano. Kolkaas, haddii aysan jirin imtixaannadaas oo kale, ma jiri doonaan ged iyo akhlaaqiyaad sare.

Saafinimada iyo fudaydka ruuxda degganaanshaha ku sugani (*nafs al-mudma'innah*) waxa carshacarsheeya dareenno weecsan, si la mid ah marka aad muraayad loogu talo galay in la isku eego wax ku xarxarriiqdid, kolkaasna ku hadhi karto foolxumadaasi. Si la mid ah foolka (wejiga) nuuxda degganaanshaha ku sugan, waxa soo gaadhi kara xangaruufooyinka ka dhasha dareennada iyo fikradaha weecsan. Ogoowna, fikradaas shaydaaniga ahi waxa ay u dhigmaan ciddiyo sumaysan. Waxa ay ka dhigan tahay manjarafad dahab ah oo aad dhiriq dhex gelisay.

Dhiirrigelinta iyo Niyadjebinta

Sheekadii labada rah

Tiro rahyow ah ayaa socdaal u ambabaxay, kolkaas baa laba ka mid ahi bohol dheer ku dhaceen. Intoodii kale ayaa ku soo xoomay godka korkiisii. Markii ay arkeen fogaanta guntiisa, ayaa ay is dhacsiiyeen inaysan labadaas rah ee ayaanka darani weligood kasoo bixi doonin godkaas. Hase yeeshee labadii rah dheg uma ay jalaqsiin faalladoodii waxana ay bilaabeen in ay isku dayaan in ay kasoo baxaan godka. Kuwii kale se waxa ay ku celceliyeen, kulana taliyeen, in ay iskudeygaas faraha ka qaadaan, oo dhimasho isu dhiibaan. Ugu dambayn mid labadii rah ka mid ah ayaa isoggolaysiiyay hadalkoodii, ka dibna isdhiibay. Mar keliya inta uu hoos u duullaamay, kana soo go'ay godka guntiisiina ayuu halkaas ku dhintay.

Rahii kale se, ma joojin iskudeygiisii, waxbana iskulamuu hadhin si uu uga baxo godkaas.

Mar kale ayaa kooxdii kale ay qaylo la beegsadeen rahii iyaga oo uga digaya inuusan naftiisa dhibin oo laba jeer dhiman, markaasna uu si fiican dhimashada isugu dhiibo. Ha yeeshii si kasii daran ayuu u sii booday, ugu dambaynna bannaanka ayuu isa soo dhigay! Markii ay arkeen isagii oo bannaanka jooga, ayaa ay weydiiyeen isagii (iyagoo u faro-dhegoolaynaya), 'Maxaad u joojin weyday booddada. Miyaanad maqlayn dhawaaqaygii?'

Rahii waxa uu u sheegay in uu DHEGO LA'YAHAY. Af-kala-qaadkoodii iyo qayladoodiina waxa uu u qaatay in ay u dhignayd DHIIRRIGELIN!!

Sheekadan laba cashar ayaa laga baran karaa:
• Awoodda carrabka/hadalka ee ku aaddan nolosha iyo dhimashada. Eray dhiirrigelin ah oo aad ku tidhaahdo qof ay ka jiifto ayaa kor u qaadi kara, niyaayiro uu cullaabaha kaga gudbona u samayn karta.

• Eray deelqaaf ah ama lafjab ah oo aad ku tidhaahdo qof ay ku jiifto ayaa karkaarka weydaarin kara, kuna ridi kara haadaan uusan ka soo bixi karin, una horseedi karta dhimasho. Haddaba akhristoow, nolol iyo raynrayn kala hadal kuwa ay jidadkiinnu islaanqayreeyaan (kulantaan).

Intuba waa awoodda erayada! Wax aan la dhayalsan karin weeye in eray dhiirrigelin ahi isbeddel intaas le'eg horseedi karo, nafona badbaadin karo. Si la mid ah, qof kastaa waa odhan karaa erayo qofka kale nayaayirada ka xada, xillii uu si aad ah ugu baahan yahay dhiirrigelin.

<u>Ilwareed</u>: *Sufi Stories - Spiritual Stories from Sufi Islam (The Frogs that fell into a Pit)*

Qiimela'aanta Adduunyo iyo Qaayoweynaanta Aakhiro

Hoyga aydin u ciillan tihiin[78]
Waa mar kale iyo Guuguulihii shimbiraha u hoggaaminayay Boqorkoodii iyo dhiirrigelin uu ku rabay in uu ku saameeyo laabahooda:
"..Hoyga aydin u ciillantiin waa mid waaraya oon dhammaad lahayn,
Runta aynu baafinnaa waa sidii badweyn aan xeeb lahayn;
"Jannadiinnuna" dhibic qudha ka tahay oon tirsasho lahayn,
Waxay tahay badweyn gebi-ahaan cidi idin la yeelan karin,
Maxaydin se kolkaas ugu ha<u>dh</u>aan dhedo aan raandhiis lahayn,
Siriha cadceedda, idinka ayaa yeelan kara dhammaan,
Se waxaydin ku doorsateen, raallina kaga tihiin:
Boodh yar oo qabsaday fallaadhaheeda filqoon,

---

[78] Farid ud-Din Attar, <u>The Conference of the Birds</u>

U jeesta wixii dhab-ahaan u jira een duugoobi karin,
Kana jeesta nolol-la-mood aan aayatiin lahayn
Jidhka iyo Ruuxda kee idiin danayn badan?
Dhammays ahaada, darbanaada una socdaala dhammaystirnaan!

The eternal abode
   "The home we seek is in eternity;
   The Truth we seek is like a shoreless sea,
   Of which your paradise is but a drop.
   This ocean can be yours; why should you stop
   Beguiled by dreams of evanescent dew?
   The secrets of the sun are yours, but you
   Content yourself with motes trapped in its beams.
   Turn to what truly lives, reject what seems --
   Which matters more, the body or the soul?
   Be whole: desire and journey to the Whole."

Sheekadii Baqasha iyo Awrka[79]
Waxa aan ka soo minguuriyay Kitaabka Mathnawi ee Ruumi. Faahfaahinna waan ku sii sameeyay

Baqal ayaa awr weyddiisay: 'Maxaa ay ku dhacday in aan qajeel turunturroodo, dhulkana aan ka soo go'o, haddii ay tahay suuqyada dhexdooda iyo weliba kolka aan raranahay ee aan

---

[79] Waxa ay sheekadani ku soo baxday kitaabka Mathnawi ee Ruumi.

buuraha kasoo degayo, ka dibna rarku kala daato, madaxana iga fuulo, ka dibna ninkii i lahaa dhenged igu caseeyo, adigu se aanad cagtaada dhigin meel ku xagaldaacisa?'

Awrki waxa uu ugu eray celiyay: 'Indhahaygu inta badan kor iyo hortayda ayaa ay eegaan, fogaanna waan arkaa, halka aad adigu madaxaaga hoos u foororiso, oo keliya aad arkaysid gondahaaga. Buurta marka aan korkeeda u baxo, si hubsiimo leh baan u eegaa halka uu dawgu ku dhammaanayo. Kolkaas buu Eebbe (SoK) indhayga u muujiyaa turunbuuqooyinka jidkaas, cag kastana waxa aan meesheeda ku dhigaa si ay ku dheehan tahay ogaalnimo iyo kalsooni aan kaga nabad galo turnturro iyo kufniin, halka aanad adigu arkaynin wax ka badan laba ama saddex tallaabo hortaada ah. Laaca aragtee, laagga ma og tahay (*you see the bait, but you do not see the pain of the snare*)'.

Tiraabtan sare waxa uu awrku uga jeedaa, waxa aad u ciillan tahay hufnaan iyo toosnaan. Waxana kuu muuqda laacyada adduunyo ee kuu hillaacaya, se waa lagaa indhasaabay xanuunka ka dambeeya marka aad dabinka ku dhacdo.

Si la mid ah tusaalahan, qofka uu kala dhantaalan yahay 'araggiisa' ruuxiga ahi, jeedaaladiisu (ugu badnaan) ma dhaafsiisna xabaasha. Taas lidkeed, qofka waxgaradka ahi waxa uu dhowraa Maalinta Qiyaame ee Garsoorka dhabta ahi jiro, waana habdhaqankiisaas adduunyo ka ku hagaya jid badbaado oo uu dabinnada adduunka kaga nabad galo.

Baqashi waa ay garwaaqsatay, una guuxday hadalkii awrka, waxana ay go'aansatay in ay isku deydo in ay awrka ku dayato, tusaalena ka dhigato.

Waxa uu Ruumi hoosta ka xarriiqayaa mudnaanta ay leedahay kudayashada Rasuulka (NNKHA) iyo dadka wanwanaagsan. Waxana uu soo qaatay aayadda ugu horraysa Suurat Xujuraat ee ulajeeddadeedu tahay sidan: '**Kuwa xaqa rumeeyayow, ha ka hor marina (nafihiinna ha dhigina meel aydin ka hor martaan ama aragtiyihiinna gaarka uga doorbiddaan) Eebbe iyo Rasuulkiisa hortiisa (waxa aaney oggolayn), Eebbena ka dhowrsada illeen wax walba wuu maqli, wuu na ogyahaye.**'

La-Dagaallanka Shaydaanka

Shaydaan baa Ashkatooday[80]

Nin ay cibaadadu ku culus tahay ayaa beri u cawday nin weli Ilaahey ah, soonbadanena ah, isaga oo culays ku hayay dareen cidhibla'aaneed oo ka xoog batay. Kuye: "Shaydaan tuug ah ayaa jidgooyo iigu jira, oo i baabi'yey, xadayna rumayntaydii (yiqiintaydii)."

Weligii Alle ayaa ugu erey celiyay: "Ninyahow yari, Shaydaanka laftarkiisa ayaa cabasho kaa soo gudbiyay. Waxana aan maqlay isaga oo leh 'Gobolkayga aan maamulaa keliya waa arlada. U sheeg jidmarahan (Xaajigan raba in uu qaado jidka Eebbe), in uu faraha

---

[80] Fariid-ud-Din Attar, the Conference of the Birds, bogga 64

kala baxo arrimahayga. Kolkaas, haddii aan weeraro ninkaas, waa falcelin uun ka dhalatay arrimahaygaas uu farahiisa kala bixi waayay; haddii uu i ammaan geliyo oo hadhka iiga dhaco, anna wax dan ah oo aan ka gelayaa ma jirayso, waxana uu noqon doonaa 'madaxiis bannaan'"

The Devil Complains
A sluggard once approached a fasting man
And, baffled by despair, made this complaint:
"The devil is a highwayman, a thief,
Who's ruined me and robbed me of belief."
The saint replied: " Young man, the devil too
Has made his way here to complain – of you.
"My province is the world," I heard him say;
'Tell this new pilgrim of God's holy Way
To keep his hand off what is mine – if I
Attack him it's because his fingers pry
In my affairs; if he will leave me be,
He's no concern of mine and can go free'."

Sabirka

Sabirka

"In aad u tababar qaadato in aad dul yeelataa, waxa ay u dhigan tahay in aad u tababar qaadatay in aad bar-tilmaameed u noqotid fallaadhaha dhibaatooyin daran oo kugu soo aaddan" (Xaarith al-Muxaysibi)

"To practise patience means to know how to serve as a target for the arrows of your adversity".
(Harith al Muhaisibi)

Booqashada Dadka Buka

Nuuri iyo Junayd
Maalin uu xanuun soo ritay suufigii weynaa ee Abul Xuseen Al-Nuuri, waxa soo booqday Suufigii kale ee caanka ahaa ee reer Baqdaad, lana odhon jiray Junayd, waxana uu u keenay ubax iyo midho. Ammin kaddib ayaa Junayd isna xanuun la soo dhacay, si la mid ahna waxa soo booqday Nuuri iyo jaleyaashiisii (saaxiibbadii), waxana uu ku yidhi iyagii: "Mid kasta oo idinka mid ahi waxa aad yeeshaa in qayb ka mid ah xanuunkiisa uu ka qaato, laga yaabee in uu bedqabki u soo laabto e."
"Hagaag iyo hawraarsan". Sidaas ayay yidhaahdeen, markiiba Junayd ayaa xanuunkii ka sara kacay (idanka Eebbe), isaga oo waraabe ka caafimaad badan! Kolkaas ayuu Nuuri ku yidhi: "Intaas oo kale in aad ii qabato ayaa ku seegtay markii aad i soo booqatay, halkii aad iiga keenaysay ubax iyo midho."

Nuri and Junaid
One day, when Nuri had fallen ill, Junayd came to inquire for him and brought him some roses and fruit. Shortly afterwards, Junayd

himself fell ill, and Nuri came to inquire after him, in the company of his disciples, to whom he said: "Let each one of you take upon himself a part of Junayd's sickness, so that he may be restored to health." "We will do so willingly," they said, and immediately Junayd rose up, fit and well. ThenNuri saidtohim: "That was what you should have done when you came to inquire after me, instead of bringing such things as flowers and fruit."

Kufricaloolo (Nifaaaq)

Gadh'dheerihii gadhkiisa jeclaa
Xilligii Nebi Muuse (NKHA), waxa jiray nin gadh'dheere ah, oo aan maalin iyo habeen salaadda kala goyn jirin. Ha yeeshee waxa uu ka waayay wanaagii iyo macaankii uu dhexdeeda ka baadi goobayay. Cadceeddii Alle cirka ka dhaliyona murugo ayaa laabtiisu la labanlegdoonaysay. Ninkani waxa uu jeclaa feedhidda (shanlaynta) timaha gadhkiisa xariirta la moodo.
Maalin waxa dhacday in ninkaas 'Alle-ka-cabsiga' lehi arkay Nebi Muuse oo meel ka durugsan maraya, markiibana wuu u cararay xaggiisii isaga oo ku qaylinaya: "Sayidkii Buurta Siinaayoow! Eebbe waxa aad ii weyddiisaa darta (sababta) uu iiga xarrimay abaalmarintii aan tukashada ka filayay."
Ammintaas kol xigtay oo Nebi Muuse ku sugnaa sanaagyada Buurta Siinaay ayuu arrinkii ninkaas u ban dhigay Eebbe, waxana uu Eebbe (SoK) ugu war celiyay: "U sheeg ninkan weli-iska-

yeelyeelka ah, in uu gadhkiisa geliyo danayn ka badan dhankayga."

Sheekadani waxa ay xoojin u tahay xadiiskii Rasuulka (NNKHA) ee ulajeeddadiisu ahayd in Eebbe uusan dan ka lahayn muuqaalka jidheed ee qofka iyo waxa uu xidhan yahay qofku, bal se uu eegayo taqwada laabtiisa.

The anchorite who loved his beard
    In Moses' time there lived an anchorite
    Who prayed incessantly by day and night,
    And yet derived no pleasure from his quest;
    No sun had risen in his troubled breath.
    He had a beard, of which he too great care,
    Loving to comb it hair by silky hair.
    It happened that this pious man one day
    Caught sight of Moses walking far away –
    He ran to him and cried: "Mount Sinai's Lord,
    Ask God why he denies me my reward."
    When next on Sinai's slopes good Moses trod,
    He put this poor man's question to his God,
    Who answered: "Tell this would-be saint that he
    Pays more attention to his beard than to me."

Nafhurka

Waxa aan ku Gadanahay Kiish Bal ah!

Sheeko ayaa odhonaysa in Farid-ud-diin Caddaar uu dhimashadiisii kula kulmay gacanta Tataarkii weerarka laxaadka lahaa ku soo qaaday carriga Muslimiinta. Waxa la sheegay in Caddaar la xidhay kaddibna loo gacan geliyay ninkii dili lahaa. Haddaba markii uu qudha ka goyn lahaa ayaa waxa soo dhex galay nin kale oo Tataarkii ka mid ah, si uu u bixiyo (badbaadiyo) odaygan suufiga ah, kana bixiyo madaxfurasho dhan hal kiish oo lacag (fiddo) ah oo ay ku jirto kun dhururi ahi. Se Caddaar ayaa ninkii dili lahaa u sheegay in uu yahay haldoor, xaddiga lacagtaasna wax ka badan uu u goyn karo, sidaas daraaddeedna uu madaxfurasho ka badan ku raadsado!

Sidii ayuu ninkii yeelay, waxana uu mar kale qoortii Caddaar dul dhigay seeftiisii. Se nin kale oo meesha marayay ayaa u ban dhigay madaxfurasho – markan se kiish caws/bal ah! Intaas markii ay dhacday ayaa uu Caddaar ku yidhi ninkii isaga dili lahaa "Yeel sidaas, oo qaado kiishkan balka ah, maxaa yeelay, waa inta aan taaganahahy ama aan goynayo!"

Markan, cadho ayaa madax martay ninkii Tataarka ahaa ee Caddaar dili lahaa, waxana uu markii saddexaad ula baxay seeftiisii, kolkaas oo uu qoorta kaga gooyay. Kolkaas ayaa nin Alle-yaqaan ah, oo arkayay sida ay wax u dhaceen ama guud-ahaan wax u socdaan, ayaa ku dhawaaqay sidan:

"Eebboow, kuwii hoggaanka noogu ahaa rumaynta/diinta, iyo kuwii jaceylkoodu adiga kula jiray (kuna dhex milmay jaceylkaaga), waxa ay mid mid ugu dhacayaan gacanta cadawgan duullaanka ah, isla markaana ay ugu dhimanayaan mid mid; Eebbow soo dhexgalkaaguna waa dheeraaday, anigana waxa i daboolay murugo iyo ciil, Eebboow naga qabo nacabkan aan waxna dhaafayn!"

Keliya intaas markii uu wadaadki ku calaacalay ayaa ay cabsiyi gashay ninkii Tataarka ahaa oo seeftiisii dib u laabtay. Dhinaca kalena, Muslimiintii cabsidu dabooshay ayaa dhiirratay markii ay arkeen, dilkii Caddaar iyo hadalkii geesinimada lahaa ee wadaadka, seefahoodiina galka ka saaray, cabsi ayaana gashay ciidankii tataarka, cagahana ayay wax ka dayeen. Sidaas ayaa ay ku badbaadiyeen nafahoodii iyo dalkiiba.

Faallo:
1. In Caddaar yidhaahdo "haldoor baan ahay", macnaha sideeda looma qaadan karo. Se waxa ku weynaatay (isaga oo Suufi ah) in lagu furto kiish lacag ah. Waxana laga yaabaa in uu ka baqo qabay, haddii uu sii noolaan lahaa, in la yidhaahdo "Kiish lacag ah ayaa lagu furtay", qodobkaasuna noqdo mid kibir naftiisa geliya, isagu keligii badbaado, Muslimiintii kalena xasuuqu ku socdo. Waxa la odhon karaa waxa uu naftiisii u sadqeeyey badbaadada Muslimiinta intoodii kale!

2. Hore ayaa la innoogu sheegay in laga run sheego addoonnimada Alle, ay fure u tahay baryada Eebbo oo la aqbalo, iyo Xadiiskii nuxurkiisu ahaa: "Jihaad waxa ugu weyn, erey (qumman) oo lagala hor tago hoggaamiye dulmi badan".

Nafjeclaysiga (Anaaniyadda)[81]

Libaaxii la ugaadhsi tegay Yey iyo Dacawo
Libaax ayaa ugaadhsi u kaxaysatay yey iyo dacawo, waxana ay ku guulaysteen in ay soo qabsadaan dibi duurgal ah, ri' buureed, iyo bakayle. Ka dib libaaxii ayaa faray yeygii in uu qaybiyo. Yeygii waxa uu soo jeediyay in dibiga la siiyo libaaxa, ri' buureeddana isagu qaato, bakaylahana dacawadu qayb u hesho. Libaaxii aad buu uga cadhooday yeygii, maxaa yeelay waxa uu ka hadlay "Aniga" iyo "Adiga", iyo "Saamigaygii" iyo "Saamigaagii", kol haddii dhammaantood uu Libaaxu mulkigooda lahaa (illeyn waa Boqorkii Habardugaagga e), waxana uu yeygii ku dhuftay dhirbaaxo kulul oo uusan ka soo kicin. Ka dib, waxa uu ku jeestay dacawadii, farayna in ay qaybiso. Dacawadi, oo ka werwersan, kana cabsi qabtay wixii gaadhay yeygii, ayaa ku war celisay in dhammaan (saddexda raqood), wax qanjidh le'eg mooyee, ay noqdaan saamiga libaaxa.

---

[81]Sheekadan iyo gabayga ku lammaani waxa ay ku jiraan kitaabka Mathanawi ee Ruumi.Bogga 70.

Libaaxii, oo markaas raalli ku noqday in meeshiisii (maqaamkiisii) la dhigay, ayaa dhammaan hilibkii faraha uga qaaday dacawadii, isaga oo leh, "Maanta ka dib, laguugu yeedhi maayo dacawo, waxaad se tahay ANIGA."

Sheekada sare oo ku soo baxday diiwaanka gabayada Ruumi ee Mathnawi waxa ay inna xasuusinaysaa dhiggeeda sheekoxariiro ee ku dhex faafsan Soomaalida – sheekadaas oo ku can baxday *"Isha Cumar ka Laalaadda"*, iyo sheekada iyana la midka ah ee ka mid ah sheekooyinkii uu ururiyay sheekoxariirkii Giriigga ahaa ee Aesop ee noolaa qarnigii lixaad ka hor dhalashadii Nebi Ciise (NKHA). Labadan sheekoxariiro ee dambe, marka la barbar dhigo ta Ruumi, waxa ay ku gebgeboobayaan libaaxii oo "Qaybtii Libaax" helay, ama ka bursaday habardugaaggii kale. Ruumi se waxa uu sheekoxariiradii siiyay ulajeeddo ruuxi ah iyo mid akhlaaqeed. Taas oo ah haddii ay addoomaha Eebbe la yimaaddaan nafhur iyo nafjeclaysi la'aan, in uusan Isagu waxba ku falaynin wax dhankooda uga imanaya. Waa tilmaanta ku dhex jirta aayadda ka hadlaysa Qurbaanka Xashka ee ulajeeddadeedu tahay in hilibka ay dar Ilaah xujaajtu u dhiibanayaan uusan Eebbe waxba ku falayn, se keliya uu helayo Alle-ka-cabsigooda. (Suurat-al-Xaj: :37)

Ilaa qofka dilo 'ANI' ma noqon karo Weli Alle
Beri ayaa nin sabool ahi nin kale ugu tegay gurigiisii, albaabkana garaacay.
"Kuma ayaad tahay, ninyahow wanaagsani?" Ayuu weyddiiyay.

Kuye: "Waa ANI." Kolkaas buu ugu eray celiyay, "Laguu soo dayn maayo. Meeli ugama bannaana martisoorkayga qof aan isaguba bislaanin. Maxaa yeelay, ma jiro wax aan ahayn dabka kala fogaanshaha iyo kala maqnaanshaha oo 'bislayn' kara 'qofka ceedhiin' kana xorayn karana is-wanaajinta! Haddaba, kol haddii nafjeclaysigu weli uusan ku nabadgelyeyn, waxa aad ku dhex gubanaysaa olol daran."

Ninkii saboolka ahaa ayaa iska tegay, waxana uu cidla' wareegayay gu' dhan oo cir Alle ka dhashay, oo uu la gubanayay murugo ka dhalatay ka maqnaanshaha jaalkiis. Wadnihiisii ayaa 'gubtay' ilaa uu ka gaadhay bislaanshiiyo. Ka dib ayuu u laabtay gurigii jaalkiis. Isaga oo baygagsan, oo ka cabsi qaba in uu kala kulmi doono hadal deyrin ah (sidii markii hore oo kale).

Markaas baa weyddiin loola holladay: "Yaa irridda garaacaya?"

Suuye: "Waa ADIGA qofka irridda taagani, Jaalkaygiiyoow!"

Markaas ayuu ugu war celiyay, "Kol haddii aan ANI ahay, aan soo galo, maxaa yeelay meeli halkan ugama bannaan laba "ANI."

<u>Fiiro gaar ah:</u>
Waa sheeko xambaarsan sarbeeb ah in qofka guriga garaacayaa uu yahay qof boholyow u qaba la kulanka Eebbe, se aan buuxinnin shuruudihii, laabtiisana uu fadhiyo nafjeclaysi. Marka ninkaas dib loo celiyo oo uu soo solmo, laabtiisuna soo xaadhanto, kuna soo laabto mar kale in uu irriddii Eebbe garaaco, ee la weyddiiyo

"Kumaad tahay?", waxa uu ugu war celinayaa "Adiga!" maxaa yeelay anaaniyaddii ayuu naftiisa ka diiray.

Waxa ay sheekadani gadaal uga soo egtahay nuxurka xadiis Qudsigii ka hadlayay marka Ilaahay addoon jeclaado, waxa uu Eebbe inna leeyahay "Waxa aan noqdaa maqalkiisii (dhegihii) uu wax ku maqlayay, indhihiisii uu wax ku arkayay, gacantiisii uu wax ku qabanayay, iyo lugtiisii uu ku soconayay."(Xadiith uu weriyay Abu Hurayrah).

"Till man destroys 'self' he is no true friend of God."
    Once a man came and knocked at the door of his friend.
    His friend said, "Who art thou, O faithful one?"
    He said, "'Tis I." He answered, "There is no admittance.
    There is no room for the 'raw' at my well-cooked feast.
    Naught but fire of separation and absence
    Can cook the raw one and free him from hypocrisy!
    Since thy 'self' has not yet left thee,
    Thou must be burned in fiery flames."
    The poor man went away, and for one whole year
    Journeyed burning with grief for his friend's absence.
    His heart burned till it was cooked; then he went again
    And drew near to the house of his friend.
    He knocked at the door in fear and trepidation
    Lest some careless word might fall from his lips.
    His friend shouted, "Who is that at the door?"
    He answered, "'Tis Thou who art at the door, O Beloved!"
    The friend said, "Since 'tis I, let me come in,

There is not room for two 'I's in one house.

Qarxi awoodaha kugu jira

Baalal baad ku dhalatatee, maxaa gurguurashada ku baday
Ruumi oo ka gabyaya shimbirta loo yaqaan 'Booloboolo' (*duck*), waxa uu leeyahay 'uma aynnu dhalan, la innooma abuurin in aynnu noolaanno nolol macnodarro ah. Waxa la innagu mannaystay awoodo – qaar innagu guda jira oo aan la howl gelin, garaad sare, waxyaabo aynnu ku taamno, iyo tamar, intuba ay innaga yeelsiin karaan in aynnu hoggaaminno ama ku noolaanno nolol qaayo leh. Waxana uu qofku u baahan yahay in uu is-weyddiiyo, si uu habaaska uga kaco, oo ogaado meelaha uu ka liito. Maxaad qaadi kartaa tallaabooyin aad ku cir baxi karto, halkii arrinku hadal uun kaa ahaan lahaa, ama aad ugu jiri lahayd socod kuurkuursi ah.

Farriintan sare waxa ay u dhacaysaa aadamaha uu Eebbe (SoK) uu u abuuray toosnaan jidheed iyo maskaxeed tii ugu fiicnayd, heer uu ka kor mari karo malaa'iigta aan Eebbe caasiyin, dhinaca kalena uu hoos isugu daadejin doono meesha ugu hooseysay.

You were born with wings.
You are not meant for crawling, so don't.
You have wings. Learn to use them and fly. | *Rumi*

-- o --

Waxa aad dhalatay adiga oo baalal leh,
Mana laguugu talo gelin in aan gurguurato,

Markaa ha yeelin sidaas.
Maxaa wacay baalal ayaad leedahay.
Baro sida aan u adeegsanayso, ka dibna duul.

Ladh I

Maanso Suufinnimo ah

Waxa qoray: <u>Maxamed Gaanni</u>, Maarso 2017

Suufi muxuu yahay?
Suufi waa qof ku dhaqmay cilmiga Tasawufka oo ah laan ka mid ah laamaha diinta.marka laga soo tago Islaamka iyo Iimaanka waxaa saddexeeye Al-Ixsaan oo culimada qaar ku magacaabaan Ikhlaas, Taskiyo ama Tasawuf. ujeedkiisa waa in nafta laga hufo hawada, waswaaska iyo dhaqammada xun oo dhan, Ilaahayna lagu xiro oo lagu rabbeeyo cibaadada iyo u dulleynta Allihii uumay ee addoonsaday. Tasawufka waxaa ku milmay dad badan oo magac ka doonay summaddooda, suura xunna u soo jiiday tiirkaan weyn.maansadani waxay si kooban u iftiiminaysaa sababta ay suufiyadu u soo baxeen, ujeedka tasawufka, culimadii islaamka ee Suufiyada ahaa qaar ka mid ah iyo ayada oo ah garnaqsi soo bandhigaya in cayda loo gaystaa ay dulmi tahay, waxna aysan yeelin, yeelina doonin tiirkaan qaaliga ah. waa tan maansadii:
Awal hore ma doonayn
inaan dood ka qeyb galo
Dacwad aan dhamaan iyo
Masalooyin daah furo

Mar haddaan la daynayn
Duudsiin xuquuq iyo
Dambigiyo cambaarayn
Soo inaan daliillada
Dib u qoro dan may oran
Dahabkii adduunyadu
Xilli uu dareeroo
Duulkii horeetiyo
Dacallada islaamkii
Ku dahaaray xuub dhagar
Dar ilaah rag baa yiri
Doorsoon intuu dhicin
Duulkaan badbaadiya
Dacwo saahid uu qoray
Ma ahayn dariiquye
Diintii rasuulkaa
Tiri waa dantiinniye
Dunidaan ha quusine
Ha maquuran dooxaas
Deyrkaa raggii galay
Dabar ay naftoodii
Daxal iyo waswaaskii
Kaga daahir yeeleen
Loo dooray suufiyo
Damal iyo magool baxay

Ha degdegin daryeeloow
Danab yuu ku diirine
Dariiqada rag daah furay
Dabaq seeska loo shubay
Dali'l yahay taraawaha
Uga hoyde daartaa
Dadka loo hayaamiyo
Daliilllada quraankii
Sunnahoon la daba marin
Jirka oo la daaliyo
Ducadiyo salaad badan
Dadka oo ammaan hela
Dibno kheyrka sheegiyo
Dar Ilaah wax loo falo
Daxal tirid quluubtaa
Digri joogto loo wado
Xasdigoo la dabar jaro
Xiqdigoo la duugiyo
Damacoo iskiis tira
Dahab qiima beelkiis
Doc yaraan ka eegaye
Dabar tobana oo saddex
Lagu daadaheeyaa
Dariiqada dhiskeedii
Uga daaran baaqiga

Ummad daahiroo wacan
Dawlad daadaheysaa
Darsigaa ka dheefnaye
Ma la duugay taariikh?!
Dib u eega waayaha
Ku daawafa meeraha
Lagu duubay sooyaal
Duub caalim uu dhigay
Adigaa ku diirsane
Doog suufiyaaloo
Dunidaan iftiimiya
Waxba yaad dambaabine
Adigoon ku daalayn
Inyar diir ka qaadaye
Maqalkaaga ii dalab
Duulkii junaydiyo
Shibli daacaddiisiyo
Qarnigii dirkiisii
Duulkii xigaayiyo
Asfahaani diin badan
Deeqdii qushayriyo
Sulmi dabaqyadiisiyo
al-Qasaali duub weyn
Jiilaani waa doog
Laga daaqay kheyr badan

Doojiye al-Raafici
Dayixii ka soo baxay
Nawa deris u roonayd
Dimishiqada Suuriya
Subki dagalladiisii
Culimaa dekayn jidhay
Rabbi deeq u siiyee
Durriyaa wacnaan badan
Casqalaani dhool da'ay
Dooxii sakhaawiyo
Dararkii Biqaaciga
Dahabkii Suyuudiyo
Bulqiiniyo dadkiisii
Xadiisyada daweyn jiray
Darbi aan hilmaamayn
Cayni daar wacnaayaa
Xadaarada la dumiyee
Daaraha andalustii
Buuniyo ku duugnaa
Qaar baa dib soo maray
Daadihi siyaaroo
Maqribkii dul joogsoo
Dal ahaan Tuniisiya
Maasiri u door roon
U salaan si diirrane

Dabadeedna Faas beeg
Dalku waa Marookee
Dariixaw ku duugnaa
Ibnil Carabi dariskii
Beryo baad ku diirsane
Ha ka daahin qaaddiga
Dunidaan iftiin dhigay
Ciyaadkii na doojiyay
Dooggii xadiiskiyo
Shifihii daweyn jiray
Cudur aan dabiib helin
Xaraf deel ma koobee
Duulkaa shareecada
Soo daadahayn jiray
Suufiyo dirkeediyo
U aqoonso duulkeed
Dagaallada saliibkii
Duulkii ka dhiidhiyay
Dersi soo rabbeeyaa
Geesiga u soo dabay
Bulsho duunyo cayrisa
Nafta may ku deeqdeen
Mar haddaan la daaweyn
Cudurkaa dilaagaa

al-Qasaali daahiri
Sirta daahanaydoo
Dib u unug dariiqii
Daalalli u dhoof tagay
Daalaco adaa lehe
Ma dahsoomo sooyaal
Qalin uu dibleeyoo
Diiwaanno loo tolay
Doc kastood ka eegtaa
Waa kuman dagaal galay
Waa kuman dariiq furay
Waa kuman daryeel badan
Waa kuman la doogsaday
Dawlad ay hor boodeen
Sanki aan ka daaleyn
Diintaan gargaarkeed
Bulshadii daryeelkeed
Diintaan Salaaxeed (Salaaxuddiin)
Dar Ilaah u tababaray
Ma dayicin Ilaahay
Taariikhdi dahabkaa
Aqsa, daahir buu yiri
Taashfiin dagaalyahan
Daba-qabay Andalustii
Dawlad gobol u qeybsamay

Ataaturki ma duugine
Dawladdii Cusmaaniya
Dirka suufiyaashii
Dunidaa iftiin iyo
Danabyaal ka dheeftee
Duullaan gumeystuhu
Marka uu dalkeenniyo
Ku ekeeyay daaraha
Afrikaanka doonkaa
Dunidaba a'n gaarayn
Waa tii Daraawiish
Mahdigii dal Suudaan
Ka dab qaadanaysoo
Kulligood dagaallada
Dabka iyo rasaas badan
Darandoorri ridayeen
al-Mukhtaar dagaalyahan
Dalka Liibiyuu yiri
Ka kac daacuf laad tahay
Gaalyahaw dagaal yimid
Dal u dhimay shahiidkii
Qaddiyada u daacada
Dab rasaasa baa dhinac
Daaciga u tuudhee

Daahiri Bashiirkeen
Alle baa u dooraye
Diin iyo Shahaadaba
Daa'imow Raxmaanow
Ka durduuri jannadii
Duulkaan xusaayiyo
Dir intay wadaagaan
Towxiid dugaashada
Mar haddaan la duugayn
Taariikh da' weynoo
Deelleey rijaal iyo
Diiwaanno keydshaan
Dafirkaa huleeliye
Iska dega awyaaloow
Duulkii wanaagsani
Laba duul ma waayoo
Cadaw dulum u nool iyo
Doqon magac ka raadiya
Duulkaa dharkoodiyo
Summad laga dambeyn jiray
Markay daqar la waayaan
Cadawgii dilaa ahi
Damqi buu yiraahdaa
Doqon baa dilootoo
Jiirkii daloolisay

Suufiyana waa dahab
Cadawgaa dambeetiyo
Doqon calammo dheer iyo
Caammadu dilootoo
Dubaaqeyn ku hawllame
Adba dood ka eegoo
Calmaaniga diyaysani
Kaar buu ku doontaa
Ku dabxira isleeyahay
Salafiyo dagaalkeed
Dabac iyo turriimuu
Ka dugaashanaayee
Diin li'i kumuu oga
Darca duulalkeedii
Dagaalkay hoggaansheen
Muu damin dab suufiyo
Ayagaa ku daalline
Danta yay ku seejinin
Xaqu daahir weeyee
Gaws dambeedka towxiid
Ku adkee daryeeloow
Adigiyo dabiibkii
Daaciga Siddiiqaa
Deelkeedu waa furan
Dood kii ku xoojini

Ama dood lidkeedaa
Kama aan didaayee
Garnaqsigu ha daa'imo.
<u>Maxamed Gaanni</u>
Maarso 2017

Raadraac

Abi Abdallah a-Randi, Qayth al-Mawaahib ul-caliyah fi sharx al-xikam al-cadaa'iyah.
Aishatu Abubakar Kumoa, Fatima Abubakarb , Tasawwuf and Its Role in Minimizing Corruption and Insurgency Among Muslims in Northern Nigeria, Sociology Study, June 2015, Vol. 5, No. 6.
Attar, Farid ud-Din, The Conference of the Birds.Translated with an Introduction by Afkham Darbandi and Dick Davis. Penguin Books (1984)
Muslim Sanits and Mystics, Episodes from the Tadhkirat al-Auliya' (Memorial of the Saints) by **Farid ud-Din Attar**. Translated by A. J. Arberry (Iowa, 2000)
Celia Genn, The Development of a Modern Western Sufism
Imam al-Ghazali: Kimiya'-i-Sacaadah (Alchemy of Eternal Life)]
Imam al-Ghazali: Ihya-Ulum-id-diin, translated by Fazl-ul-Karim, Daar u Ishaat, Pakistan. (1993)
Howell, Julia, Sufism in the Modern World, Oxford Islamic Studies Online
Malik, Jamal and Hinnels, J., Sufism in the West
Masnavi i Ma'navi, Teaching of Rumi.Spiritual Couplets of Jalalu-d-Din Rumi.Translated and abridged by E.H. Whinfield. Iowa, USA.
Maxamed Gaanni, Al-Futuuxaat-al-Ilaahiya fi-Nusrat-al-Tasawuf al-Xaq, al-Khaali min-Shawaai'b al-Bidciyah. (2012)

Muedini, Fait, Sufism and Anti-Colonial Violent Resistance Movements: The Qadiriyya and Sanussi Orders in Algeria and Libya. Open Theology 2015; 1: 134–145

Nassar Hussain Shah, Sufistic influences had all along been working upon Ghazali's mind right from early childhood. International Journal of Scientific and Research Publications, Volume 7, Issue 1, January 2017

Shaffak, Elif, The Forty Rules of Love: A Novel of Rumi, 2010, Viking

Schumacher, Ernst F. Small is Beautiful: Economics as if People Mattered

Watson, Alasdair, From Qays to Majnun: the evolution of a legend from 'Udhri roots to Sufi allegory"

Buugaagta kale ee qoraaga

Environment in Crisis: Selected Essays with Focus on Somali/ Qaylodhaan Deegaan: Qoraalo Xulasho ah, Ponteinvisibile/Redsea-Online.com (2010), Pisa, Italy

Dirkii Sacmaallada (2012): *Meel-ka-soo-jeedka Soomaalidii Hore: Sooyaal, Rumayn, Ilbaxnimo.* Liibaan Publishers, Denmark. *ISBN #:* 978-87-995208-1-7

The Mystery of the Land of Punt Unravelled, Liibaan Publishers, Denmark. ISBN # : 978-8799520848

SITAAD: Is-dareen-gelinta Diineed ee Dumarka Soomaaliyeed (2013), Liibaan Publishers, DenmarkISBN #: 978-87-995208-2-4

Maqaddinkii Xeebaha Berri-Soomaali (2014), Liibaan Publishers, Denmark ISBN #: 978-87995208-3-1

Environment in Crisis: Selected Essay on Somali Environment, Liibaan Publishers, Denmark Environment. Liibaan Publishers, Denmark. ISBN #: 978-87-995208-5-5

www.ingramcontent.com/pod-product-compliance
Lightning Source LLC
Chambersburg PA
CBHW022115040426
42450CB00006B/717